ANTES DE SER
AQUELE QUE FALA

Blucher

ANTES DE SER AQUELE QUE FALA

Jean-Claude Rolland

Tradução
Paulo Sérgio de Souza Jr.

Revisão técnica
Ana Maria Andrade de Azevedo

Título original em francês: *Avant d'être celui qui parle*

© Jean-Claude Rolland, Editions Gallimard, Paris, 2006

© Editora Edgard Blücher Ltda. 2017

Blucher

Rua Pedroso Alvarenga, 1245, 4º andar
04531-934 – São Paulo – SP – Brasil
Tel.: 55 11 3078-5366
contato@blucher.com.br
www.blucher.com.br

Segundo o Novo Acordo Ortográfico,
conforme 5. ed. do *Vocabulário
Ortográfico da Língua Portuguesa*,
Academia Brasileira de Letras, março
de 2009.

É proibida a reprodução total ou parcial
por quaisquer meios sem autorização
escrita da editora.

Todos os direitos reservados pela
Editora Edgard Blücher Ltda.

Dados Internacionais de Catalogação na Publicação (CIP)
Angélica Ilacqua CRB-8/7057

Rolland, Jean-Claude

Antes de ser aquele que fala / Jean-Claude
Rolland ; tradução de Paulo Sérgio de Souza Jr. ;
revisão técnica de Ana Maria Andrade de
Azevedo. – São Paulo : Blucher, 2017.

176 p.

Bibliografia
ISBN 978-85-212-1219-5
Título original: *Avant d'être celui qui parle*

1. Psicanálise 2. Psicolinguística I. Título. II.
Souza Jr., Paulo Sérgio de. III. Azevedo, Ana
Maria Andrade de.

17-0857   CDD 150.195

Índice para catálogo sistemático:
1. Psicanálise

Prefácio

Antes de ser aquele que fala, o homem é um vidente. Não tomemos esse "antes" em sua acepção estritamente temporal e cronológica. Certamente o *infans* – aquele que não fala, que está privado da fala –, ainda que esteja imerso na linguagem desde o nascimento, no começo é puro olhar. Ele observa, escrutina, capta pedaços daquilo que o rodeia; ele toca com os olhos como com suas mãos. Isto não faz dele, no entanto, um vidente. Ele é vidente em seus sonhos, quando seus olhos se fecham para o mundo exterior – e até mesmo, podemos pensar, em algumas de suas percepções próximas à alucinação. Freud não nos falou de alucinação primitiva para designar esse momento em que esse objeto (o seio) se furta a nossas investidas, ou mais tarde quando a pessoa da mãe se afasta, desaparece? Paradoxalmente, a ausência se converte em presença. O incessante *"fort da"*: você partiu, você está aqui, eu te faço estar aqui.

Não nos equivoquemos: o "antes" não é redutível aos primeiros meses da vida. Ele perdura, ele sobrevive durante todo o curso de nossa existência. Ele orienta os nossos desejos, desde os mais loucos até os mais sensatos. Ele está no horizonte do nosso pensamento.

6 PREFÁCIO

Sim, e talvez nossos pensamentos, sobretudo quando pretendem satisfazer às exigências da racionalidade, testemunham nossa incapacidade de restituir a presença da "coisa". Quanto a nossos desejos, vão sempre além do objeto que cobiçam. Acontece também que as palavras parecem nos faltar em consistência, privadas de carne, e, sobretudo, privadas de toda eficácia. Então, como Hamlet e um bom número de nossos pacientes – palavras são apenas palavras – somos tomados por aquilo que denominei melancolia da linguagem. Sofremos por estar a uma distância infinita de qualquer objeto perdido, inacessível, ao qual nos recusamos a dar um nome, mas que, muitas vezes, nossos sonhos, ou a pintura, ou a música, nos permitem entrever.

O objeto perdido, não é o seio materno, é esse tempo imemorial, mítico; é o tempo do *infans* visionário. Um tempo fora do tempo que será nossa fonte de vida.

Neste livro, há duas seções. A primeira intitulada "Linguagem"; a segunda, "Imagem". Aparentemente, essa ordem – primeiro a linguagem, depois a imagem – vem contradizer o título desta obra. De minha parte, não vejo contradição, pois Jean-Claude Rolland não visa a estabelecer uma hierarquia entre linguagem e imagem, nem as opor; ele tenta mostrar o que liga uma a outra tanto quanto o que as separa: união e separação. As questões com as quais ele se debate – e, sem dúvida, junto com ele, todos os psicanalistas (eu acrescentaria todo escritor e todo ser humano, embora ele não formule a questão nesses termos) – são as seguintes: que relação a linguagem mantém com aquilo que chamamos, muito impropriamente, de imagem? Haverá entre elas algum acordo ou se trata de uma ruptura entre dois "registros" incompatíveis? Ao que renunciamos quando deixamos de ser visionários (um dos capítulos do livro tem como título "Falar, renunciar")? E será mesmo verdade que deixamos de sê-lo? Que ganhamos com essa eventual renúncia que nos tornará sujeitos falantes? Ganho ou perda? É uma questão similar que reencontramos quando supostamente abandonamos nossos objetos de amor primários, qualificados como edipianos, para poder plenamente investir noutros. Então teremos de sarar do "dom da vidência", como nos esforçamos para nos "curar do mal de amar" (título do livro anterior de Rolland)? Sem sucesso nos dois casos...

O autor não acha que tem de decidir por nós as respostas para essas perguntas. Ele nos mantém na incerteza, na qual ele mesmo permanece, penso eu. Incerteza que não testemunha uma hesitação, e sim que indica uma tensão permanente entre esses dois polos.

A primeira parte concerne à contribuição da linguagem. Raramente vimos uma insistência persuasiva como essa e tantos exemplos clínicos analíticos que permitissem a passagem – para retomar a distinção freudiana entre a "representação de coisa" e a "representação de palavra". Passagem, ou melhor, dizendo, mudança de estado. É essa passagem, essa mutação, que assegura ao tratamento analítico a sua eficácia, o seu poder de transformação.

Talking cure,[1] tratamento pela fala; digamos, antes mesmo, tratamento da fala, pois a fala do analisando – por menos que ela consinta com se desfraldar no tratamento e deixe de ser controlada – não se parece com nenhuma outra, da mesma maneira que as interpretações do analista diferenciam-se da explicação e da tradução (do "manifesto" ao "latente"), e sua atenção em suspenso se diferencia daquilo que chamamos geralmente de atenção – que, por sua vez, se concentra em um objeto.

"O que esses dois fazem juntos?" – perguntaria a Freud um questionador imaginário. Resposta: "Eles falam". Sim, mas sua conversação não é uma comunicação comum; sim, mas mesmo que

---

1 É interessante que essa definição, que se tornou canônica, foi formulada por Anna O., a paciente de Breuer, numa língua estrangeira.

8 PREFÁCIO

sua troca tenha por meio só as palavras – e o silêncio –, é uma troca que vai bem além das palavras pronunciadas, além daquilo que, tanto paciente como analista, acreditam poder controlar – cumpre dizer uma troca entre "dois aparelhos psíquicos"? Conversação extraordinária, então; e não porque, como muitas vezes se acreditou, estaríamos admitindo coisas até então mantidas secretas, mas porque acontece de o desconhecido se exprimir sem que nos déssemos conta... Uma língua muda, ou que acreditávamos estar morta, adquire vida, o *infans* fala. E, então, é a linguagem que se encontra em apuros: a ordem do discurso vacila, perde seu poder. A fala assim liberada de seus entraves – a fala "associativa", que não obedece mais ao "processo secundário" – abre nossa memória, que não se confunde mais com um estoque de lembranças. A interpretação – que Rolland chama de analógica – torna-se possível ao propor uma aproximação, ao descobrir uma coincidência, entre um acidente atual, de aparência anódina, e o traço deixado por um acontecimento da infância – um traço que pode, também ele, parecer anódino, mas que é, de fato, indelével.

Uma vez que a ordem do discurso perdeu o seu poder constrangedor, poder considerável que comanda também a ordem de nosso pensamento, reencontramos então outro poder, o da língua. A meu ver, esse é um dos méritos do livro de Rolland, que mostra, recusando-se a conceituá-las, a diferença essencial entre linguagem, fala e língua.

O autor, ainda que não esconda o que deve a Lacan – nem que fosse pela atenção que dá aos "significantes" –, não se arroga a famosa fórmula "O inconsciente é estruturado como uma linguagem" (notemos o "como": não é dito que o inconsciente *seja* uma linguagem, é apenas uma analogia). Rolland, de encontro a Lacan, sustenta que o inconsciente está excluído do sistema linguístico; ele não ignora que, no final das contas, é o jogo antagônico das pulsões que nos comanda – é a sexualidade infantil, ao mesmo tempo anárquica e soberana, que é o nosso princípio desregulador.

Por que a insistência sobre as fontes infinitas da língua, a não ser por haver um inconsciente da língua e nela um aspecto apaziguador, porque ela conduz aquilo que ela própria ignora e que, no entanto, ela transmite? Se Rolland cita, aqui e acolá, poemas – entre outros um poema de Baudelaire –, não é para "analisá-los" (ele não é um adepto da psicanálise aplicada à literatura), mas para entender, sem descartar sua subjetividade própria, aquilo que as palavras do poeta evocam – palavras que puderam escapar à sua consciência e que, no entanto, foram colocadas lá como relíquias ou fósseis. Na língua polissêmica, polifônica, inscrevem-se talvez todo o devir da humanidade, todo o destino de um indivíduo e sua música secreta.

O livro poderia se consumar na primeira parte. E eis que, com a segunda, "Imagem", o leitor tem a sensação de que o livro começa. Ali encontramos páginas menos demonstrativas, mas vibrantes de intensidade, de paixão, realmente inspiradas e também precisas. Penso particularmente no último capítulo, aquele em que aparece Antonin Artaud, e em outro no qual o autor nos permite ver o enigmático autorretrato de Henri Rousseau, chamado de "Alfandegário", que não proíbe nada, mas, ao contrário, favorece todas as passagens do "ingênuo", do infantil, do animal, do vegetal, da floresta selvagem em relação ao que há de mais humano. Decerto, existe "O feitiço da imagem" (título do capítulo 7), mas nos recusamos a sucumbir a isso, assim como a ir atrás disso. No fim das contas, podemos dar abrigo a várias bruxas. Freud considerava como sua bruxa a Metapsicologia, como nós todos temos nossa bruxa, a Imagem – sem ela, não existiria obra de arte. A realidade é tão pouco encantadora... Ela desencanta o mundo, ela nos conduz ao desespero. Quando palavra e imagem aparecem, em lugar

10 PREFÁCIO

de se desacreditarem mutuamente, juntam-se; e o canto da vida tem a chance de se fazer de novo escutar, a esperança renasce.

Eu me lembro de um jantar em Lyon, cidade onde trabalha Jean-Claude Rolland. Dentre os convivas, alguns psiquiatras "amigos" da psicanálise, porém, duvidosos de sua eficácia, notadamente com pacientes psicóticos (que Rolland não rejeita em seu campo e sua prática); e analistas – eu era um deles – que se mostravam inquietos quanto ao futuro da psicanálise: como tudo o que se inscreve na História, ela será levada a desaparecer – pode bem ser que sejamos vistos como dinossauros... De repente, Jean-Claude, que é um homem apaixonado, grita: "Mas enfim, vocês não sabem o que falam, a análise é insubstituível". Nós então nos calamos. Nossas dúvidas se dissiparam diante da palavra de nosso amigo visionário.

Àqueles que se prontificam a ler este livro, desejo que sejam tão convencidos quanto os convivas daquela noite. Sim, a análise é insubstituível, desde que seja capaz de acolher analistas que, como Jean-Claude Rolland, sejam, *ao mesmo tempo*, falantes e videntes.

J.-B. Pontalis

Conteúdo

I
Linguagem

1. A fala e seus destinos	15
2. Encantos da analogia	33
3. A lei de Lavoisier se aplica à matéria psíquica	57
4. Perder o que se ama, amar o que se perdeu	75

II
Imagem

5. Falar, renunciar	95
6. *Alter ego*	115
7. O feitiço da imagem	139
8. Suficiência da obra de arte	161

I
LINGUAGEM

1. A fala e seus destinos

Dos movimentos emocionais que a depressão acarreta, alguns são familiares ao clínico: a dor ligada à perda; a atonia resultante da identificação melancólica do eu ao objeto; o ódio; até mesmo a raiva em que se esgota o conflito pulsional entre vida e morte. Não é o caso da desesperança que sempre afeta, sutil ou maciçamente, a vivência do deprimido. Essa desesperança parece ligada, especificamente, aos obstáculos que o deprimido encontra em sua fala ao querer enunciar as razões da sua infelicidade: as palavras lhe faltam. Esse silêncio que o assola é, de fato, um mutismo: face às representações que absorvem sua visão interior, o deprimido parece ter destituído a sua língua. A desesperança é a perda da fala. É o que Hölderlin escreve num poema intitulado *A primavera*:

> *O homem, que sempre inquire o seu interior,*
>
> *Fala então da vida, de onde a linguagem flui,*
>
> *Quando o desgosto não lhe corrói a alma...*[1]

---

1 "*Der Mensch, der oft sein Inneres gefraget / Spricht von dem Leben dann, aus dem die Rede gehet, / Wenn nicht der Gram an einer Seele naget...*". [Tradução de I. A. da Silva, "Canções da primavera: *Welt* e *Umwelt* na (derradeira) poética de Hölderlin". In M. A. de Castro (Org.). *A construção poética do real*. Rio de Janeiro: 7Letras, 2004, p. 285. [N.T.]]

A esperança nasce e renasce com a liberdade dada à enunciação. Lampejo do dizer, graças ao qual a coisa enfim se revela – "palha no celeiro", "pedregulho no buraco". Suspensão da insignificância.

Por vezes, a análise e a psicoterapia operam, ambas, esse milagre. Quando um tratamento está instalado, quando o paciente habita as suas regras, observa-se que se produz – aqui ou acolá, no decorrer de uma sessão, na descontinuidade do discurso – repetições de uma mesma palavra, de uma mesma imagem, de um mesmo tema ou de uma mesma ideia que, entre si, encontram analogia.

Esse homem procurou análise porque estava "mal" fazia tempo. Tinha se divorciado em circunstâncias mantidas obscuras; tinha largado um emprego prestigioso para viver de atividades intermitentes e sustentar seus filhos. Dessocializou-se sem alarde. Permaneceu assim evasivo por muito tempo, testemunhando a partir dessa "melancolia branca" que ele não tinha interesse nem por si mesmo nem pelo mundo. Até o dia em que percebeu a dimensão do horror em que a morte de um filho bem jovem o havia mergulhado. Mas, por muito tempo ainda, ele não o admite, opondo incredulidade e ironia ao trabalho que conduzíamos. Decerto, ele pôde reconhecer que, detrás desse trauma "atual", perfilavam-se outros, que pertenciam a uma infância mimada materialmente, mas atravessada por experiências dolorosas, agônicas, em relação ao seu lugar entre numerosos irmãos e ao desamparo de uma mãe exausta. O tratamento interrompeu-se uma dezena de dias para as férias. Ao retornar, comunicou, pela primeira vez, dois sonhos que, segundo ele, o haviam marcado. Em um, ele está na companhia de duas mulheres, sua ex-mulher e sua atual namorada; no outro, duas policiais ameaçam tirar o último ponto da sua carteira de motorista. Assinalo, então, a recorrência de "duas mulheres" presente nos dois sonhos. Ele se lembra de quem é uma delas: uma amiga do casal, que fora testemunha da morte do filho e os acompanhou em seu luto. É então tomado por uma intensa emoção, rememora longamente esse acontecimento e conclui: "O senhor tem razão; sem dúvida, sou assombrado pela morte". Eu digo: "Será que, no sonho, é à morte que o último ponto na carteira de motorista estaria aludindo?". Uma lembrança lhe vem bruscamente: quando criança, durante as férias escolares, sua mãe o mandava autoritariamente para acampamentos de lobinhos. Ele ficava muito triste, chorava continuamente durante os dez dias de duração porque os maiores não paravam de tirar sarro dele com o pretexto de que ele queria saber tudo. Observo que "dez dias" é precisamente o tempo da nossa separação. "Teria ele pensado nos lobinhos e em sua mãe ao pensar em mim e na nossa separação?" Ele recobra a postura irônica que tanto o caracteriza: "O senhor sabe", retorque, "não quero tirar sarro, mas não pensei no senhor nem um instante durante essas férias". Observo que a mesma ideia de "tirar sarro" se repete dos lobinhos a mim. Outra lembrança lhe ocorre: pouco antes da morte do filho, abriu-se com a sua mulher e com a sua amiga a respeito da sua inquietude, julgando-o franzino, inexpressivo. Peremptórias, tiraram sarro dele: "Você quer saber tudo, você não sabe de nada...". Ele começa a chorar.

18   A FALA E SEUS DESTINOS

Assim, enquanto o analista aproxima as analogias que o discurso repete e dispersa durante a sessão, surgem, nas palavras do analisando, pensamentos desconhecidos ou lembranças perdidas. Essas analogias são *Witze* que trabalham para frustrar uma censura na qual a interpretação colocará definitivamente um fim. O interesse desse procedimento de interpretação – além do ganho de consciência e a recolocação em movimento do trabalho psíquico – reside na abertura do sujeito para algo que chamo de "esperança". A abertura da fala para uma língua que já estava lá, mas que permanecia desabitada, como que morta.

Além da sua função de enunciação, a fala se mostra portadora de um poder de discernir as razões obscuras que animam seu discurso. Jogando com as palavras "tirar sarro" ou "duas mulheres" ou "dez dias", tão triviais e insignificantes em sua primeira ocorrência, o falante se abre para a verdade do seu ser e da sua história. A esperança é a confiança reencontrada na palavra, esse órgão de percepção do *Innern*, como escreve Hölderlin – da interioridade psíquica. Ela é o afeto que testemunha que a língua foi concedida ao seu locutor e está a salvo. E a análise abre para essa esperança, recentrando o interesse do paciente no discurso que se produz ali, tanto quanto na relação que ele instaura com o analista.

Apoiando-se num interesse vivo e constante pela fala e pelos recursos que ela disponibiliza no tratamento – por ser, entre outras, "leitora" do acontecimento psíquico inconsciente –, a esperança vincula-se ao que Freud chamava de "amor à verdade", *Wahrheitsliebe*. Ele creditava essa qualidade a admirados escritores, como Romain Rolland e Arthur Schnitzler, e reconhecia que ele próprio devia a isso a força para descobrir o inconsciente. A psicanálise e a psicoterapia são terapêuticas da esperança; elas desvelam as razões objetivas que fundamentam a infelicidade humana e que escapam à consciência do sujeito. Elas não são terapêuticas paliativas.

***

Um analista se submete a dois exercícios solidários: ele analisa pacientes e lê Freud. A leitura de Freud é imperativamente convocada pela prática analítica e esta última só é possibilitada a partir dessa leitura. A referência do analista a Freud não é, contudo, da ordem da autoridade ou do assujeitamento. O texto freudiano não é o lugar de uma revelação doutrinária, mas de uma inspiração.

O analista lê Freud porque, pela sua obra, este lançou as bases de uma língua da análise. Apropriando-se disso, o analista aprende a perceber a realidade específica que só ela está em condições de designar. A língua do "homem Freud" tornou-se a língua do inconsciente. Entrar numa língua é penetrar o mundo que suas palavras delimitam. É exatamente o que se passa com a criança quando ela se familiariza com as sonoridades escutadas e ali identifica, então, as realidades, mais ou menos obscuras ou aterradoras, às quais elas fazem referência: "Mamãe, o que é morrer?". A diferença é que aquele ou aquela que transmite essa língua pode carecer de liberdade frente às significações que as palavras transportam: "Dessas coisas não se fala, meu querido". O aprendizado da língua materna consiste, assim, a partir de uma música imediatamente acessível pela simples imitação, em identificar a coisa designada, em articulá-la como significação, e também em reconhecer ali interdições de falar – logo, de pensar. A língua materna é a língua e seu inconsciente.

O texto freudiano vale pela língua que desfralda, ao menos tanto quanto pelo *corpus* teórico que contém. Freud nomeou uma pletora de fatos psíquicos sem que detivesse os meios de precisar seu conteúdo. O conceito de identificação, por exemplo, representa uma abertura vertiginosa para a natureza do eu; mas a palavra, por si só, não nos esclarece quanto às operações que a constituem. É evidentemente o exercício do tratamento que nos informará sobre elas. A leitura de Freud concede a língua da análise; a prática analítica ou psicoterápica, o seu conteúdo.

***

Quando um paciente está engajado numa psicoterapia ou numa análise, as dificuldades que o conduziram até ali tendem regularmente a desaparecer. Essa melhora sintomática não é uma cura. Simplesmente os sintomas perdem seu "realismo": o paciente não se identifica mais com as suas obsessões, trata-as como corpos estranhos, não mobiliza mais contra elas os custosos contrainvestimentos que absorviam o grosso da sua energia e obscureciam seu campo de consciência.

Isso não é verdade no que concerne à análise do paciente psicótico, para o qual o processo analítico não chega, por um bom tempo, a encetar o realismo do seu sintoma. Determinado trabalho analítico pode se dar, mas a produção psicótica permanece impermeável a ele. Frequentemente é depois de vários anos de tratamento que a psicose entra no processo psicoterápico e que sofre a mesma derrelição, a qual tampouco é uma cura.

Essa derrelição sintomática é o efeito da instalação da transferência. Por seu intermédio, o paciente está agora "doente" da sua análise e não mais dos seus sintomas: ele vem compulsivamente às suas sessões, dedica ao seu tratamento o grosso dos seus investimentos. Da resolução dessa neurose de transferência dependerá, mais tarde, a sua cura. O pensamento psicanalítico está familiarizado, agora, com esses dados processuais. Mas o que permanece menos familiar para ele é o fato de que essa derrelição sintomática provém, antes de mais nada, daquilo que o paciente se pôs a falar: o sintoma foi substituído por um discurso analítico. Há aí uma estranheza que impõe as seguintes perguntas: de onde a fala na análise tira esse poder transformador? O que caracteriza o discurso analítico?

Certamente não é o seu conteúdo, pois cada um aborda o tratamento singularmente com a sua história, suas preocupações, suas ficções e sua organização semântica própria. A confidencialidade inerente ao enquadro analítico suscita, é claro, relatos de vida que calaríamos até mesmo às pessoas próximas. Mas, para a fala associativa, os acontecimentos da história pessoal são, antes de mais nada, "motes", pretextos para o trabalho metafórico pelo qual a enunciação conecta as formações do inconsciente. Da mesma maneira que, para Cézanne, o mote objetivo do Santa Vitória[2] serve de suporte para uma representação estética, o discurso analítico é, quanto ao seu conteúdo, um discurso ordinário que se alimenta das fontes banais da vida do locutor.

Seria o endereçamento, então, que caracterizaria o discurso analítico? Decerto, ele é um discurso endereçado pelo analisando ao analista e, por meio dele, às imagos inconscientes que transferencialmente ele suporta. Mas o discurso não se comporta aqui diferentemente do sintoma, do ato falho, do gesto compulsivo dos quais o interlocutor clandestino – ao qual ele está, enquanto mensagem, inconscientemente destinado – descobre, cedo ou tarde, o desligamento analítico.

Essa moça, quando vou chamá-la na sala de espera, carrega um semblante sombrio e fechado. Depois de ter se reclinado, fica silenciosa por muito tempo; daí, fala da iniciativa que se impôs brutalmente a ela e continua lhe sendo estranha: ela propôs ao filho, de aniversário, convidar os avós paternos. Ora, ela tem horror a eles; ela tem medo deles. Um longo silêncio se instala de novo. Daí acrescenta que, no dia seguinte a

---

2 Ao longo da vida, Cézanne pintou mais de oitenta vezes o Monte de Santa Vitória, situado próximo a Aix-en-Provence (França), sua cidade natal. [N.T.]

esse aniversário, será o aniversário da morte de seu pai. Ligo esses dois fatos e digo que foi pensando no pai dela, e como que em lugar dele, que ela convidou os sogros. Ela afirma, então, que, bem agora, subindo as escadas, lhe veio a ideia amarga de que seu pai não chegou a conhecer seu filho, e também o lamento de que não a viu cuidando dele como a havia visto cuidando da filha.

Essa espécie de "ato falho" revela-se também "endereçado", então. Endereçado a um pai morto, mas melancolicamente conservado. No final dessa sessão, espantou-se com ter falado tanto, ao passo que, enquanto subia a escada, achava que não teria nada a dizer; sentia-se vazia. Um vazio que era a dramatização, deslocada para o ato de fala, do vazio objetal deixado por essa perda.

O que caracterizaria, especificamente, o discurso analítico seria a nova relação que ele organiza entre *enunciação* e *enunciado*: os motes que alimentam o discurso do analisando, os temas retidos por ele, na massa profusa das realidades recentemente atravessadas e que lhe servem de esqueleto narrativo, perdem rapidamente o interesse. Seus conteúdos tornam-se contingentes, secundários; o paciente os altera ao sabor de suas associações, como se só estivessem ali como trama da atividade de fala. O analisando se desinteressa por aquilo que ele diz e investe, em si, a sua fala como lugar de uma urgência vital, fonte de terror ou de prazer.

Esse desinvestimento do significado é bastante comparável ao desinvestimento do sintoma e compete, sem dúvida, ao mesmo mecanismo. Ele tem, como contrapartida, um superinvestimento do significante. O analisando se transporta inteiramente para a sua fala, a qual representa, dali em diante, o esboço da sua realidade. Ele "se escuta" não por condescendência narcísica, mas porque, nessa relação segunda que mantém com a sua língua, ele "se vê ser".

Decerto, esse desdobramento da função da fala – que faz com que ela se faça, paradoxal e simultaneamente, ato de enunciação e ato de leitura dos enunciados por ela produzidos – só se instala lenta e tardiamente no analisando. Até certo ponto, durante um período, ele confia o seu exercício ao analista. Mas essa necessidade de ser escutado, de se escutar, no que se refere às mensagens inconscientes trazidas pelo seu discurso, é essencial para ele; ela predomina sobre o seu desejo de receber interpretações que são recebidas, por muito tempo, como um testemunho da forma que ele é "acolhido" pelo analista.

Do desinvestimento do significado e do superinvestimento do significante resulta uma transformação da sintaxe do discurso: o paciente fala, primeiro, de um acontecimento externo, o qual ele relata literalmente – como faria com qualquer um –; daí, lhe vem a lembrança de um sonho que ele conta, a não ser que ele o ressonhe – o que só poderia fazer com um parceiro amoroso –; em seguida, lhe vem um *Einfall*, um pensamento incidente, desses que pertencem apenas ao discurso interno e que exigem que ele os expresse assim, à viva voz. Então, ocorre eventualmente uma antiga lembrança de infância, manifestando toda a espontaneidade e a inocência daquela época: "A fúria da mamãe quando me viu lambuzado de doce!".

O discurso analítico usa todos os estilos e todas as retóricas. É ora friamente narrativo, ora teatral, trágico, cômico ou reflexivo; mistura os tempos – o mesmo acontecimento, contado no passado, é revivido no presente –; estende as designações próprias a um mesmo objeto: a menção formal "meu marido" é substituída pela familiaridade do primeiro nome. Contrariamente ao discurso ordinário, centrado numa representação-fim e que segue linearmente, o discurso analítico entrecruza uma pletora de cenas ou o mesmo acontecimento psíquico se repete em variadas versões; é um discurso estratificado, redundante, polissêmico, polifônico. O que se chama de "associação livre" não se desfralda somente na superfície do discurso, em sua horizontalidade – encadeando, segundo uma lógica implacável, pensamentos que não mantêm nenhum laço racional entre si. Ela também se banha nas profundezas da língua, nos idiomas infantis de diferentes épocas que ali se depositaram. É, aliás, a essa profusão *dos* discursos *no* discurso analítico que a interpretação analógica deve sua eficácia.

***

Essa transformação do discurso que instaura o processo analítico, e que vem em lugar da neurose manifesta, é justamente o que não se produz nas análises ou psicoterapias ditas "difíceis". Essas das quais se diz que "elas não andam". Esses aparentes fracassos da nossa prática podem ser encarados de dois ângulos bem diferentes. Primeiro, como análises improdutivas, no que se refere a seus efeitos terapêuticos. O paciente tende a dramatizar esse aspecto: "o tratamento não está lhe trazendo nada; o analista não o compreende, ele não diz o que seria preciso". Nem a confiança, nem a esperança, faz com que ele se atenha à sua análise – tampouco à sua fala, aliás.

Mas a dificuldade pode ser apreendida de outro ponto de vista: esses tratamentos são "improdutivos" no que se refere à mudança discursiva que se está em direito de esperar de um processo analítico. Não é tanto o sofrimento vivido, ou os sintomas, que não mudam, é a relação de proximidade e de condescendência que o sujeito mantém com os traumas da sua história, relação que reflete perfeitamente o seu modo de enunciação: o discurso, nesses casos, "cola", adere aos acontecimentos que ele relata; ele os reproduz mais do que os representa. O discurso não sobrepuja o seu mote; o sujeito está inteiro no que ele diz; ele está assujeitado ao conteúdo da sua narração. A desesperança – e pode-se qualificar essas análises como desesperançosas – é isto: o rebatimento da enunciação sobre o enunciado, da palavra sobre a coisa.

Essas análises difíceis são do foro de que causas? A primeira, do analista e da qualidade da sua escuta que inicia o desenvolvimento do processo discursivo e que seria bastante bem definida por aquilo que Freud chamou de "atenção uniformemente suspensa".[3] O analista aprende a se desinteressar pelo conteúdo narrativo do discurso. Ele se coloca, assim, na posição do analisando cuja fala só trabalha metaforizando, em suas palavras, as representações inconscientes. A suspensão uniforme é isso. Ele deixa a sua atenção flutuar sobre as turbulências que certos jogos associativos e analogias constituem, porque ali se assinala – como silhuetas recortadas pelo procedimento da sombra chinesa – a emergência de figuras vindo das profundezas da memória inconsciente. A escuta analítica é, portanto, uma escuta que não tem condescendência com a familiaridade manifesta – e sedutora – da fala narrativa. Ela se recusa a discernir, na língua escutada, outra coisa além da sua função de "significar" as moções inconscientes que, por meio dessa, obstinam-se a vir à tona.

O conceito de "significante", oriundo da linguística saussuriana e importado para a teoria psicanalítica por Jacques Lacan, designa, com uma clara adequação, o poder que certas unidades semânticas – palavras, morfemas ou fonemas – têm de se referir indiretamente a significados que seu estado inconsciente condenaria, naturalmente, a permanecer foracluídos. Pode-se aproximar essa operação significante própria ao discurso analítico do trabalho da escrita poética: é assim que Jean Starobinski, em *A*

---

3 André Bourguignon, Pierre Cotet, Jean Laplanche, François Robert, "Traduire Freud". In *Œuvres complètes de Freud*, Presses Universitaires de France, 1989, p. 148, 149.

26 A FALA E SEUS DESTINOS

melancolia diante do espelho,[4] descreve o alcance da palavra "*cygne*" [cisne] no poema de Baudelaire:

> *A partir da personificação do animal, este, "mito estranho e fatal", atinge definitivamente o estatuto da alegoria. Ele figura a perda, a separação, a privação, a vã impaciência. A nostalgia que lhe faz ter saudade do seu "lago natal" supõe uma lacuna intransponível; esta não deixa de ter analogia com a lacuna que, na alegoria, se instaura entre a imagem "concreta" significante e a entidade "abstrata" significada: daí a tentação de ler conjuntamente cisne [cygne] e signo [signe]...*

Essa escuta ascética, frustrante, é paradoxalmente da ordem de uma real benevolência. Ao contrário da conversação mundana – que não exclui os efeitos de sedução, de poder ou de esquiva da fala –, a escuta analítica retém desta apenas o que constitui seu fundamento e sua razão psíquica: ser, aos modos de um órgão sensorial para a realidade externa, *a ferramenta perceptiva da realidade inconsciente.* Empatia demais, da parte do analista, pelo sofrimento subjetivo; curiosidade demais pela história factual; preocupação demais com a meta da cura ou interesse demais por uma abordagem formal da psicopatologia tendem a abolir esse poder que a escuta tem de ser a iniciadora de um processo. Reconhece-se aí o problema da contra-transferência, que é da ordem da relação do analista com a sua própria análise e não admite desenvolvimento teórico.

No entanto, a análise difícil existe objetivamente; cada um de nós é confrontado a isso, seja qual for a nossa experiência, o

---

4 Jean Starobinski, "La mélancolie au miroir". In *Conférences, essais et leçons du Collège de France*, Julliard, 1989, p. 73.

nosso talento, a liberdade da nossa contratransferência. Não vamos nos queixar, pois são essas situações que justamente nos põem para trabalhar, nos compelem a reinterrogar a doutrina, a retestar a teoria, a modificar as nossas construções. Elas parecem, à primeira vista, mais com certas estruturas psicopatológicas; mas há pouco interesse e muitos inconvenientes em rebaixar a questão da análise difícil à do "psicopatológico", porque este aborda o psíquico objetivamente e privilegia a *estrutura*, e aquela o aborda de dentro e privilegia a *fala* – que é portadora do mesmo poder ou é lastreada com a mesma impotência frente à normalidade e ao patológico. Aliás, as análises difíceis afetam todas as estruturas, quiçá até mesmo todas as análises, num momento do seu desenvolvimento.

Esse conceito de análise difícil foi desenvolvido por Pierre Fédida.[5] O autor não perde de vista que a palavra importante nessa designação é "análise", no sentido literal que Freud lhe dava, de um trabalho de desligamento, de decomposição das formações do inconsciente *através* de um desligamento e de uma decomposição das figuras do discurso. O que caracteriza precisamente essas análises difíceis, mais que o empenho que elas nos custam e o desconforto em que colocam o paciente, é que nelas não se produz um processo de descondensação da língua.

* * *

"Além do princípio do prazer" leva Freud a ver o modelo elementar do aparelho psíquico "na forma [...] de uma vesícula indiferenciada de substância excitável. Sua superfície voltada para o mundo externo será diferenciada por sua própria situação e servirá

---

5 Pierre Fédida, "Contre-transfert, crise et métaphore: une psychanalyse est une psychothérapie compliquée", *Revue Francaise de Psychanalyse*, 55(2), pp. 339--363, 1991.

28 A FALA E SEUS DESTINOS

de órgão receptor de excitação".[6] A metáfora é surpreendente, ainda que sua significação nos escape de primeira. Para o seu autor, ela é uma construção do espírito visando elaborar o trabalho de exploração das camadas profundas do espírito: "Tais representações", escreve ele num outro texto, "pertencem à superestrutura especulativa da psicanálise, e cada parte pode ser, sem dano nem pesar, sacrificada ou substituída por outra, tão logo sua insuficiência seja demonstrada".[7]

A substância e a casca. Não excluamos que Freud desejava, assim, se reapoderar das relações particularmente obscuras que a substância psíquica mantém com a sua superfície linguística. A língua é, primeiro, um sistema de signos que comanda as relações do sujeito com a sua realidade. Ela inclui, no seu invólucro, um fragmento do "real" que ela erige, assim, à condição de substância psíquica. Ela exclui outros, que, dali em diante, serão seu mundo exterior. O inconsciente faz parte desse mundo exterior, o que implicaria "estar carregado das mais fortes energias" e que faria com que "esse pedacinho de substância viva – o eu – sucumbisse sob o jugo das excitações que dele provêm caso não fosse provido de uma para-excitação". O recalcado, que a língua, como "uma membrana especial, inorgânica" conserva fora do eu, revela-se como o não enunciável – a coisa reduzida ao seu silêncio, à sua negatividade.

Também cumpre precisar que aquilo a que nos referimos aqui não é a língua tal como se apresenta imediatamente no discurso, seja ele ordinário, científico, literário ou poético. Há múltiplos níveis da língua e múltiplas funções: as propriedades que concedem à língua a sua função psíquica pertencem a um registro estrutural, mais perceptivo que comunicativo, mais econômico que signifi-

---

6 Sigmund Freud, "Au-delà du principe de plaisir". In *Essais de psychanalyse*, "Petite Bibliothèque Payot", 1981, p. 67.

7 Sigmund Freud, *Sur la psychanalyse*, Coll. "Folio", Gallimard, 1991.

cante. E, sem dúvida, por isso mesmo, ela escapa ao livre arbítrio: ela é do foro de um determinismo tão potente quanto o que se atribui ao sonho. A função psíquica ou psiquisante da língua obedece a leis que cumpre estudarmos; é do conhecimento dessas leis que dependerá o nosso poder de modificar as condições da sua produção. Ali reside a esperança para a modernidade analítica.

As análises difíceis concernem, então, a pacientes presos num sofrimento cujo relato satura o discurso, torna-o repetitivo, queixoso, monossêmico, fixa-o na sua atualidade, o reproduz em ato. Mas por que razões uma ruptura sentimental, um luto, são para o sujeito circunstâncias traumáticas? É que todo acontecimento de que se é vítima faz-se lembrar por analogia e reanima acontecimentos passados, recalcados, não liquidados; ele faz com que as suas emoções revivam, reencarna as suas figuras. A carga traumática da factualidade deve-se a essa particularidade do funcionamento psíquico que faz com que – uma vez que a sua violência ultrapasse a capacidade protetora da membrana – a sua percepção se acompanhe de uma rememoração. A ponto de o acontecimento novo só ser reconhecido, em sua realidade própria, depois de a memória reativada do acontecimento antigo ter sido abolida. A atualidade serve, ulteriormente, de suporte para a repetição. É assim que se constitui uma substância psíquica: a representação nasce da percepção – por somatória – de dois acontecimentos reais, análogos em conteúdo, separados quanto à cronologia. É essa também, sem dúvida, a condição requerida para que um acontecimento atual entre no relato analítico. Eis aqui um exemplo disso:

> *Durante a sua análise e sem que nada o deixasse prever, essa mulher se viu brutalmente separada do marido. Por muito tempo ficou bastante deprimida com isso. Naquele dia, quando vou chamá-la na sala de*

espera, noto uma mudança: recobrou a elegância de outrora. Fala novamente com alegria pela primeira vez; ela está melhor, diz, e vai logo contando um incidente engraçado: na véspera, numa reunião, os participantes deviam se apresentar uns aos outros. Quando chegou a sua vez de declinar seu sobrenome, deu um "branco": foi impossível, ao longo de vários minutos, lembrar-se dele. A assistência ri disso, também ela; ela ri de novo, no divã. Acrescenta que não está em questão para ela renunciar ao nome de casada, assim como não está em questão voltar a usar o sobrenome do pai (que morreu faz tempo) em razão do fato de que outra pessoa o carrega, a sua mãe – com a qual ela tem, sempre teve, dificuldades. Digo que "é pensando também no seu pai, o esquecimento do sobrenome". O humor depressivo retorna a galope; ela chora e diz: "Mas como eu amava esse cara!". A expressão "esse cara" é habilmente indeterminada. Ninguém duvida que no contexto atual ela faça referência ao esposo, mas ela não exclui um outro titular, o pai. Ela se cala, depois compreende repentinamente a significação de um incidente ocorrido alguns meses antes. Era férias (também da análise) e ela teve repentinamente a necessidade de visitar velhos amigos para desabafar com eles a respeito das suas infelicidades conjugais. Porém, não foi do marido que ela falou, mas, muito rapidamente, do pai; e isso em termos violentos: das suas condutas suicidas – que acabaram por levá-lo – ao menosprezo pelo cuidado, que deveria ter sido o dele, de protegê-la.

Nessa análise que "anda", a fala analítica trabalha naturalmente, espontaneamente, arrancando do relato a memória que o adoece; desconectando, do atual, o rastro dos acontecimentos passados que ali foram atuados. É o que não encontra lugar nas análises difíceis: o relato permanece fixado ao *presente* temporal e confere *presença* à experiência que o anima. Vejamos aí o destino ao qual sucumbe a fala sob o efeito da "compulsão à repetição". Freud chama sua manifestação de *gegenwärtiges Erlebnis*, "experiência vivida no presente", e a opõe à rememoração, *Erinnerung*. Ali, a fala é assujeitada à revivescência do acontecimento psíquico; aqui, recobrando seu poder de abstração, ela o desvincula. A análise difícil nos compele a reunir esses dois destinos extremos da fala entre *fala atuada* e *fala abstrata*:

> *O médico é forçado a deixar reviver no paciente certo fragmento de sua vida esquecida, mas deve zelar para que o doente conserve certa capacidade de sobrepujamento* [Überlegenheit] *da situação, que lhe permitirá, apesar do que for, reconhecer, naquilo que aparece como realidade, o reflexo renovado do passado esquecido.*[8]

Überlegenheit designa a superioridade, no sentido do controle: superioridade da fala sobre o real e o seu controle. Mas a tradução por "sobrepujamento" é bastante bem-vinda, pois ela coloca essa superioridade na ordem de uma certa transcendência: a fala, quando inspirada pelo processo analítico, de fato sobrevoa o acontecimento; ela discerne seu caráter compósito; ela liberta sua dimensão metafórica. A fala, na análise, mais *lê* do que *diz* a experiência.

Ela é uma fala rememorante, uma *Erinnerung*. Não no sentido em que faz surgir – graças ao seu desenrolar e de forma incidente –

---

8 Sigmund Freud, "Au-delà du principe de plaisir". In *Essais de psychanalyse*, "Petite Bibliothèque Payot", 1981, pp. 57-58.

32 A FALA E SEUS DESTINOS

lembranças, mas porque é movimento, avanço na língua, investimento das cadeias significantes religando o acontecimento atual ao antigo e restabelecendo a ordem das representações e das cargas afetivas. No último exemplo clínico, a fala deslinda uma trama discursiva de rara visibilidade: "esse cara", verdadeiro *Knotenpunkt*, ponto de junção, garantia a orientação da cadeia significante "marido" para a cadeia "pai".

"Sobrepujamento" não diz apenas que a fala se eleva por sobre o acontecimento, mas que ela eleva o acontecimento por sobre a materialidade: ela o transpõe para o campo do discurso, esse lugar da sublimação. As figuras do real, as emoções, os roteiros do desejo inscrevem-se ali, onde se desenvolvem de uma outra maneira. A fala é experiência, *Erfahrung*, conceito amplamente utilizado pelos autores românticos, para quem a ficção literária não era um exercício estético, mas uma experiência vital – a mais intensa e a mais inspirada. *Erinnerung* está perto dessa *Erfahrung* romântica à qual Freud estava familiarizado.

Da repetição à rememoração, do atuado à sublimação, desfralda-se a lacuna entre a análise difícil e a análise que caminha, entre a desesperança e a esperança.

2. Encantos da analogia

"Olha", diz essa moça, "não sei como vão ser as férias do senhor, mas eu vou para o Lubéron;[1] quarta-feira não vou estar por aqui...". E acrescenta que, tendo esquecido, desde a última sessão, de tomar seus antidepressivos, os seus sintomas voltaram a todo vapor... Eu a havia informado cuidadosamente das datas da minha ausência, porque esse tratamento havia começado recentemente e porque seu equilíbrio, frágil, podia ser ameaçado por isso. A ideia de tomar antidepressivos, aliás, foi minha: de fato eu havia solicitado que, paralelamente ao seu tratamento, um psiquiatra a ajudasse a viver a sua realidade e tratasse da sua ansiedade. A pedido dela própria eu havia precisado, de novo, na nossa última sessão, as datas das minhas férias... A oposição entre "o que é" e "o que é dito disso" é aqui franca e maciça.

Mas mais que uma "perda" da realidade, essa contradição do discurso testemunharia sua deriva onírica. Uma vez que me calo, suas associações adquirem um ar interrogativo. Ela evoca seus

---

1 Trata-se de um maciço que compõe os Alpes Ocidentais. [N.T.]

34 ENCANTOS DA ANALOGIA

sintomas, compulsões "psicopáticas" com forte conotação sexual e autodestrutiva. Depois, declara, ela não reconhece nada dela nessas atitudes; uma força estranha, violenta, a despojaria de toda vontade... Ela tem a impressão de viver agora, com trinta anos, uma adolescência comportada... Contrastando com uma infância difícil em que exercia a maior oposição ao pai... Ela constantemente lhe dizia "não"... Ele frequentemente tinha de se impor de uma maneira forte... Uma analogia se desvela entre a cena transferencial atual e essas cenas infantis. Também digo a ela que a mesma força estranha, que a compelia outrora a se opor ao pai, a compele agora a se opor a mim; e acrescento que é pensando nesses "não" dirigidos ao pai, antigamente, que ela me diz que não virá na quarta-feira...

De repente, lhe vem à cabeça um pensamento que, afirma ela, nunca lhe havia aflorado. Ele se refere à sua sensação irracional de "estar abandonada". Nada justifica isso; seus pais sempre foram presentes, calorosos – e ainda o são agora, na crise que ela atravessa –; nada, a não ser aquilo no qual ela nunca havia pensado, o nascimento da sua irmã, dois anos mais nova. Não se pôde ver nada – elas se entendiam muitíssimo bem, aparentemente, sempre brincando juntas –, mas agora cumpre avaliar a dimensão disso: quando, em sua lembrança, se vê brincando com ela (ela se vê sozinha, não vê a irmã); ela teria – são palavras suas – "negado a realidade dela"... Quando maior, na casa da família, onde primos e primas estavam reunidos no período das férias, ela deu um jeito de criar dois clãs, um no qual estava ela, outro no qual estava a sua irmã... Digo a ela que "é pensando na irmã que ela me diz que está indo para o Lubéron, ao passo que não sabe o que eu vou fazer". Outro material surge...

A produção de analogias, na situação analítica, é de uma riqueza sem equivalentes. Ela parece indissociável da "desestruturação" que o discurso sofre sob o efeito da relação transferencial. O exemplo precedente ilustra isso: por meio de uma transferência –

tremendamente viva, para dizer a verdade –, a analisanda restabelece um laço com uma dolorosa experiência infantil, relativa ao apego ao pai e à rivalidade fraterna. Contra essa irrupção da sexualidade infantil, o eu do locutor recorre ao modo de defesa anteriormente adotado, o negativismo – uma recusa maciça, não simbolizada, que o sujeito opõe a si como autor do desejo, tanto quanto à figura virtual do sedutor paterno. A fantasia – ser amada pelo pai (ou apanhar dele) – é privada de seu poder representativo pelo recalcamento. E sua figuração só pode ser indireta e arbitrária dali em diante, por ligação aos conteúdos do discurso manifesto cuja significação é, assim, "contornada". A deriva quimérica do discurso sobre as "nossas férias recíprocas" vem da parasitagem, por uma moção inconsciente, dos pensamentos ordinários dos quais a enunciação se alimenta.

Essa "falsa" ligação de uma moção inconsciente ao discurso manifesto confere, então, à experiência infantil, os meios da sua realização, não da sua representação. A produção de analogias compensa essa debilidade: os fragmentos constitutivos do roteiro fantasístico são difratados nos conteúdos do discurso em que produzem, como impressão sobreposta, um fraseado insólito, fugidio que "assinala" a presença da formação inconsciente, que "significa" a sua insistência.

A produção de analogias testemunha a aptidão do espírito para ludibriar seus próprios limites. Como os *cuculidae*[2] – que, não sabendo se aninhar, botam seus ovos no ninho de outras aves –, a formação inconsciente, já que o acesso a uma expressão autônoma lhe está barrada, toma o seu suporte emprestado de categorias semiológicas já existentes, banais e não selecionadas... Esse fenômeno psíquico é estranho à primeira vista, mas não é ininteligível *a priori*. Sabemos que o inconsciente, por conta de estar excluído

---

2 Em outras palavras: o cuco!

36 ENCANTOS DA ANALOGIA

do sistema da língua, só é acessível ao pensamento lógico por uma operação de inferência. *A contrario*, este só pode se manifestar na superfície da consciência por meio dos jogos de correspondências, e cabe ao interlocutor reconhecer que ele se apresenta ali, subjacente à realidade enunciada, como uma outra realidade...

***

Em 1932, Freud redigiu um texto com um título um pouco irônico: "Meu contato com Joseph Popper-Lynkeus". As *Gesammelte Werke* o inseriram sob a rubrica dos *Gedenkworte*, "artigos de ocasião, comemorativos",[3] ao passo que seus tradutores franceses, sob a direção de Jean Laplanche, conferiram sua dignidade científica publicando-o, ao lado de alguns outros grandes textos, no volume *Résultats, idées, problèmes* [Resultados, ideias, problemas].[4] Freud retorna à teoria do sonho e insiste, ali, mais particularmente na "deformação" que os pensamentos sofrem no decorrer do trabalho do sonho, deformação que seria "o problema mais profundo e mais árduo da vida onírica" e faria do sonho "a psicose normal da humanidade". Ele lembra que, desde *A interpretação dos sonhos*, descobriu e descreveu com precisão os fatores (a censura do eu, o perigo pulsional) e os mecanismos (o deslocamento e a condensação) que prestam contas dessa deformação e concedem ao sonho a dignidade de "uma produção inteligível". Mas esse avanço não presta contas do princípio que compele a essa deformação.

O pensamento ao encalço do qual vai Freud, implicitamente, nessa reflexão incidente, poderia ser algo como: mas por que os homens permanecem tão refratários ao que é uma parte de sua

---

3 Sigmund Freud, *Gesammelte Werke*, T. 16, p. 261-ss.
4 Sigmund Freud, *Résultats, idées, problèmes*, 2, Presses Universitaires de France, 1985.

própria natureza, a ponto de nada quererem saber disso ou de só quererem saber algo contanto que essa realidade lhes seja disfarçada? Estariam se comportando, assim, como Catarina, a Grande, que, pelo que se diz, apenas consentia com que visitassem seu império se painéis pintados com cenas harmoniosas e bucólicas escondessem, ao longo das estradas, a profunda miséria do povo russo... Por trás da questão, bastante circunscrita, da deformação no sonho, um enigma essencial suscita a curiosidade, até mesmo a revolta, do cientista que é Freud, e que concerne à própria constituição do inconsciente. Por que pensamentos próprios a certas épocas da vida psíquica, e toleradas no seu tempo, devem ser submetidos às "ondas" sucessivas do recalcamento? O infatigável pesquisador não quer conceder nada ao mistério.

Freud entra em "contato", com Popper-Lynkeus – em se dizendo subjugado por "uma coincidência de visão e de sabedoria" –, com toda uma exigência. Na leitura de *Fantaisies d'un realiste* [*Fantasias de um realista*],[5] mais particularmente do relato intitulado "Rêver comme veiller" ["Sonhar como despertar"], escrito por "esse grande homem, pensador e crítico, além de filantropo e reformista benevolente", ele admira esta audaciosa declaração: "Em meus pensamentos, assim como em meus sentimentos, reinam ordem e harmonia, e os dois nunca entram em conflito... Sou um, sem partilha; os outros são partilhados e as duas partes – vigília e sonho – travam uma guerra sem trégua". A mesma declaração se faz, adiante, ainda mais ofensiva:

> *Os sonhos parecem, para o senhor, ocultar algo de escondido, de impudico de uma natureza particular, certo mistério do seu ser dificilmente exprimível; e aí está por que a sua atividade onírica parece tão frequentemente*

---

5   Coll. "Connaissance des l'inconscient, Curiosités freudiennes", Gallimard. Prefácio (notável) de Jean Starobinski.

38 ENCANTOS DA ANALOGIA

carecer de – ou até mesmo ir de encontro ao – sentido.
Mas, fundamentalmente, de jeito nenhum é assim;
isso é até mesmo perfeitamente impossível, pois se
trata sempre do mesmo homem, quer esteja ele de vigí-
lia, quer sonhando.

Convido vivamente o meu leitor a consultar de perto esse pequeno texto freudiano, todo sutil. A ironia afeta a limpidez da sua escrita, nos moldes de pequenas ondas causando tormenta na superfície da água, e permite ao seu autor conciliar admiração e reserva frente a um pensamento que confunde "realismo" e "fantasia". A filosofia de Popper--Lynkeus é da ordem de uma decisão de subjugar a realidade ao seu desejo "por ordem e harmonia", de um repúdio deste "algo escondido e impudico de uma natureza particular". Esse ideal revela-se oposto ao realismo de Freud, que toma nota da duplicidade do psiquismo e subjuga o seu desejo ao reconhecimento do real.

O urso polar e a baleia branca nunca se encontram, ainda que partilhem do mesmo universo boreal hostil, porém estimulante. Assim, os dois pensadores estão condenados tanto a não se compreenderem, no fundo, quanto a partilharem um mesmo amor pela verdade, numa mesma aversão pelas deformações que organizam a divisão psíquica entre consciente e inconsciente e privam o homem da liberdade de ser sempre o mesmo, "quer esteja dormindo, quer desperto". Pois o edifício teórico que Freud construiu tão minuciosa e tão obstinadamente ao longo de sua obra não visava somente a reconhecer a realidade do inconsciente; visava, antes de mais nada – basta considerar, para tanto, a sua preocupação constantemente mantida de psicopatologista e terapeuta –, a libertar, na medida do possível, o destino dos homens...

Também cumpre seguir, até o último limite, o alcance e o fundamento dessa disputa. Mas, para tanto, é necessário, paradoxalmente, que entremos em desacordo com a manifesta posição teórica de Freud no que concerne à deformação nos sonhos e reconheçamos um fundo de verdade no idealismo manifesto de Popper-Lynkeus! Temo, com razão, que o leitor não me acompanhe nesse aparente manejo do paradoxo; é preciso que eu peça um pouco de paciência e que queiram, de bom grado, voltar comigo ao terreno das analogias.

Não há dúvida de que os pensamentos inconscientes que o estado de sono ou a situação analítica reativam só têm acesso ao sistema perceptivo e à consciência por intermédio da deformação. Eles só se representam ali se apoiando em pensamentos inocentes, pagando o pesado tributo da condensação – que se manifesta, via de regra, como elipse – e se sacrificando à figuração visual, à imagem – o que Freud ilustrava com o paradigma do rébus.[6] Mas tampouco há dúvida de que esse primeiro sistema de deformação, emanando das censuras do eu, se redobra num segundo sistema, que qualificaremos, por oposição, como "informativo". Ele é a expressão da "compulsão à representação"[7] que as formações do inconsciente carregam em si e manifesta-se, especificamente, no relato do sonho e no discurso associativo, como produção de analogias.

A produção de analogias seria a manifestação de uma tendência psíquica que se opõe, no aparelho anímico, à tendência à deformação. Ela estaria a serviço do amor pela verdade em seu combate contra a resistência ao conhecimento da realidade interior. A deformação seria, assim, uma operação psíquica muito menos monolítica e implacável do que Freud estimava, e muito mais real e consistente do que Popper-Lynkeus gostaria...

---

6 Ver *L'interprétation des rêves*, Presses Universitaires de France, 1973, p. 242.

7 Jean-Claude Rolland, *Guérir du mal d'aimer*, Coll. "Connaissance de l'inconscient", Gallimard, 1998.

40 ENCANTOS DA ANALOGIA

***

É voltando sua escuta para a própria semiologia do discurso, que a produção de analogias nos enunciados do analisando, deixa-se escutar pelo analista. Essa semiologia é difícil de identificar, por ser feita de jogos de palavras arbitrários ou de disposições sintáticas incongruentes. Essa correspondência entre dois enunciados, surpreendente no âmago da escuta e reexaminada fora da situação que a produz, deixa uma impressão de disparate, de artifício, parece "tirada da cartola". Ela também é difícil de demonstrar; atinge-se aí o limite da comunicação analítica. Com efeito, a proximidade intersubjetiva – e interdiscursiva – em que a transferência – e a contratransferência – instala a experiência analítica tende a confundir a fronteira entre a fala e sua escuta. Ao contrário, seu relato a um terceiro, como toda narração, dramatiza sua distância. Entre a *experiência* e seu *relato*, permanece um hiato parcialmente intransponível.

A pertinência e a gravidade da interpretação analógica se medem, antes de mais nada, pelos efeitos que, por sua vez, ela produz. Eis um exemplo em que rebenta um tipo de contradição entre o inciso cheio de espírito, *witzig*,[8] da sua produção e da sua formulação e o surdo horror inerente aos conteúdos ideacionais e afetivos dos pensamentos inconscientes que ela "descobre":

---

8 Recorremos muito frequentemente a esse conceito de *Witz*, de dito espirituoso que conserva os laços mais íntimos com a analogia. O estudo que Freud consagrou a ele, *O chiste e sua relação com o inconsciente*, foi inspirado pela própria redação de *A interpretação dos sonhos*. Conservamos, na língua francesa [e na língua portuguesa], o uso da palavra alemã porque ela faz parte, como escreve J.-B. Pontalis, na nota liminar desse texto, dessas palavras intraduzíveis: ela designa "o espírito típico, aquele que capta, de bater o olho e com uma rapidez relâmpago, as relações novas, inéditas — em resumo, criadoras — que ele é capaz de revelar", Coll. "Connaissance de l'inconscient", Gallimard, 1988.

Esse homem continua, depois de vários anos de análise, imerso na dor que ele se infligiu ao renunciar a uma ligação sentimental ruinosa em muitos aspectos. Ele começa essa sessão retornando ao seu desejo, sempre muito vivo, de "fazer amor com J.", sua repudiada amante. Então, no final dessa mesma sessão, evoca o seu lamento de não mais poder possuir os belos carros que ele adora, conversíveis potentes e elegantes, que, infelizmente, não são mais compatíveis com a sua numerosa caravana de filhos. Formulo essa correspondência: "'fazer amor' também não tem a ideia de 'possuir'?" Um pensamento – que eu não tinha nenhuma forma de antecipar, ele tampouco – lhe ocorre: "se um dos seus filhos morresse, então ele poderia comprar um automóvel daqueles!" Isso lhe causa horror, de saída; é, diz ele, o pior drama que pode marcar uma vida; parece-lhe que ele emprestou o material de uma angústia recorrente da esposa, que ela lhe participa... Daí ele descobre que esse pensamento não lhe é tão estranho quanto imagina; ele está no centro dos "devaneios diurnos" que o açambarcam quando, se deslocando, passa muitas horas no volante. É a primeira vez que, nesse tratamento, bastante pobre, emerge um Einfall tão brutal. É a primeira vez também que ele descobre em si essa atividade fantasística autoerótica, que ele próprio designa como "devaneio diurno".

Esse pensamento inconsciente pertence muito precisamente à espécie que Freud chama de "pensamento do sonho": afastado pelo recalcamento, ele permanecia ativo clandestinamente; ele encon-

42 ENCANTOS DA ANALOGIA

trava, na fantasia, a sua realização e se apresentava ao eu, a partir de uma representação indireta num roteiro visual. A aproximação analógica lhe abre a porta do discurso interno em que ele constitui, doravante, o objeto de uma enunciação, de uma percepção, de um juízo – e, eventualmente, de uma recusa.

Esse "tornar-se consciente" do pensamento recalcado, por meio da interpretação analógica, não seria por si só eficiente, com efeito, caso não fosse tão logo substituído por uma nova operação psíquica, a perlaboração.[9] Freud designou com essa palavra um "trabalho" com o afeto ligado à representação e visando a temperar sua carga pulsional, dessexualizá-lo. O efeito primeiro da interpretação analógica é, então, justamente a inscrição ou a reinscrição das representações inconscientes no conjunto discursivo disponível à enunciação, definido por seu holismo, que chamei de "discurso interno".[10] Mas um segundo efeito, indireto, é o impulsionamento de um movimento de renúncia às fantasias infantis incestuosas que entravam o sujeito humano em sua adesão à realidade. Uma renúncia análoga àquela que, em seu tempo, já operou no declínio do complexo de Édipo...[11]

A divisão do aparelho psíquico em consciente e inconsciente foi, nos mais ínfimos detalhes, claramente explorada e exposta por Freud; e, nesse ganho teórico essencial, os analistas, sejam quais forem as suas divergências de escola ou de língua, encontram unanimemente por onde concordar. O fenômeno da analogia, que o trabalho analítico nos impõe, leva-nos a refinar essa representação e a propor uma visão da partição do espírito conforme as substân-

---

9 "Remémoration, répétition et perlaboration". In *La Technique psychanalytique*, Presses Universitaires de France, 1953.
10 Ver "Sur le discours interior". In *Penser les limites. Ecrits en l'honneur d'André Green*, Delachaux–Niestle, 2004.
11 Ver, a esse respeito, Catherine Chabert, "L'Ombre d'Œdipe". In *Le temps d'Œdipe, Libres cahiers pour la psychanalyse*, n. 12, In Press, 2005.

cias que o constituem. À *substancialidade psíquica*, pertencem as forças pulsionais e as representações mentais arcaicas, de origem indecidida (oriundas da herança filogenética ou da experiência mnêmica individual e pré-verbal). A *substancialidade da linguagem* autoriza esse mesmo ser a se inscrever, por identificação, na comunidade humana, a acessar a subjetividade.

Mas esses dois estados da substância só são separáveis até certo ponto. O exemplo do pensamento inconsciente "libertado" pela interpretação ilustra isso perfeitamente: um pensamento pode ser excluído de toda e qualquer relação com a percepção consciente e continuar, contudo, "estruturado por uma linguagem". Uma sintaxe articula, na fantasia, os significantes "conversível" e "filho morto". Ela continua presente no discurso interno e conserva, parcial e temporariamente, a carga traumática que a conduziu ao recalcamento. Entre os dois estados do pensamento, atuam movimentos de exclusão e de solidariedade particularmente complexos. Podemos resumi-los assim: o discurso transpõe, num nível de abstração superior, a "vivência" da experiência pulsional e representativa; ele participa, por isso mesmo, de sua desrealização, de sua desencarnação.[12] Mas, da transformação energética que faz com que a substância psíquica sofra, o relato tira a energia que o anima; ele retira "seu alento". Da experiência psíquica de seu enunciado discursivo, da vivência fantasística à sua ficção, um duplo movimento se opera: um tende à abolição daquilo que constitui o espírito da fantasia, seu poder alucinatório; o outro tende à sua retomada naquilo que é a inspiração da língua, sua potência evocadora – o que Pierre Fédida circunscreveu sob o nome de "poiese".

O que caracterizaria melhor a relação que essas duas substâncias mantêm seria a capacidade de se converter uma na outra e de

---

12 Ver, sobre esse tema, os trabalhos de François Gantheret, *Moi, Monde, Mots*, Coll. "Connaissance de l'inconscient", Gallimard, 1996.

44 ENCANTOS DA ANALOGIA

abolir, assim, alguns dos seus traços específicos: o que é recalcado, sendo apartado do discurso interno aberto à enunciação, sucumbe à compulsão à repetição que caracteriza o psíquico. Aquilo que, do recalcado, retorna, pela produção de analogia, tende a arrancar o espírito do "encanto" do infantil e do incesto, a trocar o princípio de prazer pelo princípio de realidade.

E nessa operação marcada, em todos os sentidos da palavra, por uma espiritualidade profunda, um único princípio permanece constante, ainda que mude de regime: é Eros que, deixando a veste da fantasia, reveste a da língua. Entre o Eros da fantasia e o Eros da língua, se insinua uma terceira figura, efêmera e fulgurante, tão espiritual que Mallarmé acreditar a ser demoníaca: o Eros da analogia. Era isso que Valéry tinha, sem dúvida, em mente, quando fez com que se dissesse à jovem Lust, encarnação virginal de Mefistófeles: "Eros energúmeno"![13]

***

No exemplo mencionado acima, uma analogia "aproxima" dois significantes, afastados um do outro na temporalidade da fala, indiferentes um ao outro se forem entendidos em seu contexto semântico manifesto. Mas um sentido, na pletora de suas polissemias, é comum a eles. O significante "possuir" admite, incidentalmente, uma acepção amorosa e o significante "fazer amor" contém a ideia de domínio. Poderíamos crer que sua aproximação faz com que rebente o cimento que organiza essa polissemia, e faz com que "sobressaia", no significante inocente, sua dimensão sexual e, no significante sexual, sua referência "profana".[14] Não é só isso: a decomposição dos

---

13 Paul Valéry, *Mon Faust*, especialmente a parte intitulada "Lust, La demoiselle de cristal". In *Œuvres* II, "Bibliothèque de la Pléiade", Gallimard, 1960.

14 Não foi possível integrar à presente reflexão a rica lição tirada dos escritos de poetas e de pintores que manejam, com fins estéticos, a analogia. Assim Kandinsky, *Du Spirituel dans l'art, et dans la peinture en particulier*, Coll. "Folio", 1954:

significados, referidos a um significante dado, precede e condiciona a aproximação analógica; ela é o efeito da intensa sexualização à qual a fala do analisando e a escuta do analista são submetidos, tão logo entrem em contato com a experiência fantasística. Essa decomposição ou desagregação das unidades semânticas manifestas poderia ser comparada à difração e à redistribuição dos átomos no caso de uma ruptura molecular: novas unidades se criam e se organizam em novas cadeias significantes. A produção de analogia assinala, primeiro, a emergência de novas unidades significativas no discurso enunciado, assim como um fraseado ainda desconhecido se manifesta no tema musical dominante.

Também uma determinada indecisão transtorna a detecção da analogia. Ela se deve à intimidade desse laço transferencial e à intricação dos discursos internos do locutor e do ouvinte, escravos da verbalização de uma experiência alucinatória comum. Observa-se, no exemplo anterior, que é o analista que, assumindo o lugar do eu do analisando, escuta em seu discurso o seu alcance amoroso, ao passo que este lhe entrega, momentaneamente, a função perceptiva própria a essa instância. Hesita-se, para qualificar a empatia que disso resulta, entre os termos *identificação* e *entrega amorosa*. O que estamos tentando, cientificamente, circunscrever como identificação – a transformação (demasiado) duradoura do eu – nasce, necessariamente, sempre, da experiência (demasiado) fugidia da entrega amorosa; ela não passa do "resto" quando a memória substituiu a vivência...[15] Na hora do tratamento, como

---

"o emprego hábil (segundo a intuição do poeta) de uma palavra, duas vezes, três vezes aproximadas, pode desembocar em fazer com que apareçam certas capacidades espirituais insuspeitas dessa palavra" (p. 82).

15 É assim que se pode entender, numa perspectiva que não é apenas romântica, a evolução do pensamento de Freud no que se refere à gênese do eu e do objeto, desde "Bate-se numa criança" até "O eu e o isso", passando por "Luto e melancolia". Ver, sobre esse assunto, *Singulière mélancolie, Libres cahiers pour la psychanalyse*, n. 3, In Press, 2001.

46   ENCANTOS DA ANALOGIA

águas misturadas, interpenetram-se as fantasias e as palavras dos dois protagonistas. Um discurso amoroso é comum a eles, onde o "eu" do enunciador se perde no "você" daquele a quem ele se endereça...[16]

A esse título, a analogia competiria à "magia" da troca amorosa: seus efeitos são tão potentes quanto sua determinação escapa a todo controle; há, em sua realização, tanto promessas quanto ameaças; tanto prazer quanto estranheza...

De igual modo, a fulgurância do processo analógico nos convida a explorar mais adiante os laços que a analogia mantém, ainda, com o pensamento mágico.[17] Não é fácil captar essa temporalidade singular da analogia que compele a reconhecer que a fala pulsa num ritmo diferente do eu e justifica a separação metapsicológica dessas duas instâncias. O segundo termo da analogia (o significante "possuir" repetindo o significante "fazer amor") brota como um clarão e parece que sua detecção obedece a um tipo de lei do "tudo ou nada": ou essa repetição acachapa o ouvido do ouvinte ou ele não a escuta – e tudo então se passa como se ela não tivesse ocorrido. Esse fator subjetivo, próprio ao ouvinte, tem a natureza de macular, ulteriormente, o estudo com o processo analógico, pois só dispomos, por conta disso, de analogias escutadas e podemos duvidar que representem uma amostragem adequada das milhares de outras analogias que se produzem, indubitavelmente, nessa situação.

A menos que se considere – como é a hipótese que sustenta esse trabalho – que o processo analógico só encontra a sua consumação e a sua performance quando ativada uma certa disposição do ouvinte a recolhê-la, concretizando-se numa fala que aproxima

---

16 Bruno Gelas, contribuição inédita no Colóquio sobre "A comunicação analítica", organizado pela associação "Libres cahiers pour la psychanalyse", *Rêver, peindre, écrire*, Villa Gillet, Avril 2002.

17 Laços já reconhecidos por Marcel Mauss.

seus termos. Nesse sentido, deve-se admitir que o "enquadre" da produção analógica condiz precisamente com o da interdiscursividade e que o interesse da analogia para o psicanalista vai ao encontro do seu interesse pela interpretação.

Concebamos mais detalhadamente essa disposição do ouvinte, garantindo ao fenômeno analógico, tal como ele se produz no discurso do paciente, o destino de um processo de pleno direito. O segundo termo da analogia convoca, pelo seu caráter de repetição, a atenção do analista e desperta nele uma sensação de incongruência. Ele tenderia a rejeitá-la. Por esse contrainvestimento, o eu se opõe, ou retarda, o reconhecimento disso que a fala discerniu.

A repetição também obedece ao fluxo da fala e se inscreve na duração paradoxal da instantaneidade, do efêmero, do que passa; aparece para logo desaparecer, como os vagões de um trem cuja marcha um observador surpreenderia entre dois túneis. Ela também parece ao ouvinte, primeiramente, como sendo arbitrária. Apenas uma análise ulterior, à distância da fogueira transferencial, está em condições de fundamentar a sua razão. Foi o que tentamos fazer acima.

Uma repetição captou a atenção do ouvinte que escutou ali o segundo termo de uma analogia. Por meio de sua interpretação, ele o conectou a um acontecimento anterior do discurso do qual se teria, conformemente ao espírito da fala, perdido a lembrança. A disposição a escutar a analogia supõe, da parte do ouvinte, que ele se coloque na contracorrente do movimento natural da fala, convocado, irreversivelmente, a ir em direção ao que ela ainda não disse, apagando o que ela já disse. Que ele repudie o pendor natural do discurso ou, antes mesmo, que ele o force a se propagar no espaço do encontro, como se represa um rio para explorar sua energia. Que, paralelamente, ele escute os *significados*, independentemente da ordem em que o fluxo da fala transporta os *signifi-*

48 ENCANTOS DA ANALOGIA

cantes correspondentes. E que ele distinga, para além dos seus invólucros sonoros, as representações psíquicas em que as palavras, cada vez mais ali que alhures, enterram as suas raízes...

Somos também confrontados novamente à diferença, encarada acima, entre substância psíquica e linguagem. O termo "diferendo", aventado por Jean-François Lyotard,[18] é o que mais conviria para qualificar o processo que institui uma articulação entre essas duas realidades da alma e que mantém entre elas, contudo, uma lacuna irredutível. A substância, são as representações inconscientes e o afeto sexual infantil que as irrigam. Ela é naturalmente opaca para nós. Se ela se torna audível ao analista, é pelo viés de imagens que ele constrói dela e a cuja produção deve obedecer, como Freud claramente sugeriu, no princípio da alucinação.

A escuta separa, segundo a acepção química da palavra, o *continente psíquico* do seu *conteúdo linguístico*. Não é demais dizer que essa escuta "infere" a existência da substância inconsciente, ela dá "representação" aos vincos e dobras que têm o fundo revirado por uma dada fantasia. Como o pensamento metapsicológico, ela reconstrói visualmente as formações arruinadas pelo recalcamento. Não há dúvida de que as figuras desenvolvidas por essa especulação permanecem na mais íntima consubstancialidade com as figuras da fantasia às quais elas fazem eco. E que, como estas, conservam o caráter evanescente ao qual a percepção condena aquilo que repudia.

Em outro patamar da sua escuta – que se pode qualificar como conceitual, por oposição ao caráter visionário do anterior –, o analista

---

18 O "comércio intelectual" que o autor teve a chance de manter, durante alguns anos, com esse filósofo particularmente lúcido, assim como a leitura do grande *Discours, figure* (Éditions Klincksieck, 1978), inspiram ainda mais vivamente essa compreensão particular do discurso e do processo analítico. Ver a esse respeito Jean-Claude Rolland, "Différend, conversion, interpretation". In *Guérir du mal d'aimer*, Coll. "Connaissance de l'inconscient", Gallimard, 1998.

traduz essas figuras nas palavras do seu discurso interno. E porque prevalece ali a lógica do signo, prevalece também a do arbitrário.

Cumpriria, para ser preciso, engrossar a nossa reflexão, já muitíssimo sinuosa, com uma incursão no campo da linguística – ao qual a analogia pertence por direito, aliás. Assinalemos somente que a teoria de Martinet,[19] relativa à "imotivação do signo", marca, no exemplo dado, toda a sua pertinência. O significante "possuir um conversível" não tem laço lógico com o afeto erótico ao qual está referido – assim como o significante "fazer amor com J.", com a ideia de posse. De fato, a relação de arbitrariedade que define a relação do significante com o significado deve tirar uma das suas razões do diferendo que opõe a subjetividade maciça da substância psíquica (a representação de coisa) à abstração do signo em sua pertença comunitária (a representação de palavra); ela poderia ser o avatar, no registro "superior" da língua, da partição psíquica. A escuta analítica só pode ganhar ao isolar sua manifestação, ao colocá-la em crise, como sendo a expressão mais sutil do conflito psíquico. E é justamente a uma colocação em crise da relação do significante com o significado que tende a interpretação analógica.

***

O fenômeno analógico está inteiramente mergulhado no registro do arbitrário, que confere à sua manifestação a sua *aura*, com sua tripla semiologia de incongruência ou de estranheza, de fulgor e de magia. Retomemos as etapas desse processo. Pode-se decompô-lo em quatro fases, nitidamente separadas cronologicamente, distribuindo-se ora no espaço psíquico do analisando, ora no do analista: a produção de analogias se dá no discurso do paciente, graças a transformações psíquicas nele suscitadas pela regressão

---

19 Ver o apaixonante debate engajado sobre esse assunto pelos representantes das diferentes escolas linguísticas, In *Problèmes de langage*, Coll. "Diogène", Gallimard, 1966.

50 ENCANTOS DA ANALOGIA

transferencial. A detecção dessas analogias encontra sua origem numa disposição do ouvinte e supõe, neste último, uma regressão de sua atividade de escuta, de uma posição conceitual a uma posição visionária – regressão que se pode situar, em relação à do locutor, como contratransferencial. A terceira fase é iniciada pelo analista, que, por meio da sua interpretação, aproxima os termos da analogia, "fazer amor" tem a mesma ideia de "possuir". Segue-se, no analisando, o surgimento de um pensamento, ignorado por ele, que designamos como *Einfall*: "se um dos meus filhos morresse". O processo encontra, nesse surgimento ideacional, sua consumação definitiva.

Mas, ressaltemos, o pensamento que assim se torna enunciável porque a interpretação o exumou da posição inconsciente em que permanecia suficientemente ativo para alimentar um devaneio diurno, esse pensamento permanece na mais arbitrária relação com os termos da analogia que o representava no discurso manifesto do locutor. O pensamento não tem "em si" a carga sexual que lastreava os significados que aproximava. Se o despimos de sua veste sintática, descobrimos a oblatividade de um desejo infantil, arcaico, que pertence à fase sádica ou masoquista do desenvolvimento psíquico: "que um filho morra" é a expressão de uma fantasia contemporânea à de "Bate-se numa criança"[20] e sua indeterminação pulsional mantém as mais longínquas relações com a evidência sexual, em sua acepção adulta, dos conceitos de "possuir" ou de "fazer amor". É, enfim, um pensamento "construído", em oposição ao caráter frouxo e alusivo da relação que os termos dessa analogia mantêm.

A arbitrariedade que domina, de ponta a ponta, o processo analógico merece ser muito desenvolvida, pois é ela, e somente ela, que con-

---

20 Sigmund Freud, "Un enfant est battu, contribution à la connaissance de la genèse des perversions sexuelles". In *Névrose, psychose et perversion*, Presses Universitaires de France, 1973.

cede, *in fine*, uma unidade às operações muito variadas pelas quais, na primeira fase desse processo, as analogias se produzem. No caso em que nos detivemos demoradamente, a analogia repousa numa comunidade de sentido, oculta, entre dois significantes. A experiência analítica nos confronta a múltiplas outras figuras das quais não é possível, atualmente, fazer um recenseamento suscetível de chegar à dignidade de uma tipologia. Há analogias por simples homofonia que deixam o analista particularmente hesitante diante da necessidade de decidir que um laço lógico se delineie sob a absurdez de uma comunidade de som. Há analogias por expressão contrária, a atenção do ouvinte sendo convocada apenas pelo fato de que um termo está numa perfeita oposição com outro.[21] Há, por fim, analogias que repousam no mecanismo rudimentar da contiguidade.

Um exemplo desse último tipo de analogia por contiguidade nos oferece uma oportunidade de aprofundar a metapsicologia desse processo.

Esse jovem desejou empreender uma análise porque é invadido por um delírio de perseguição ativo, mas que permanece compatível com a manutenção de uma vida social, profissional e sentimental no limite do normal. Os "maçons" leem seus pensamentos, adivinham suas preocupações sexuais íntimas, especialmente homossexuais, e comunicam seu entorno a esse respeito. Este reage a isso emitindo sinais que ele reconhece muitíssimo bem. "Tossem" ao redor dele quando

---

21 Para ser mais convincente, nossa reflexão deveria explorar, paralelamente, a produção de analogias que anima a criação estética e poética. Neste último domínio, as analogias por oposição são imediatamente chocantes, por sua recorrência e seu efeito emocional no leitor. Assim, em "O adormecido do vale" de Arthur Rimbaud: "[...] onde corre um regato / enredando desvairado na grama os seus *trapos* / de *prata*..." (grifos meus).

tem pensamentos insultantes em relação às "moças" ou "mordem os lábios" quando entendem ser ele "viado". Os "maçons" entregam-se a essa telepatia para salvá--lo ou, ao contrário, para destruí-lo? Ele oscila continuamente entre essas duas convicções. Sua adesão a esse tema delirante é geralmente maciça, ainda que em determinados instantes ele se interrogue, ansiosamente, sobre a sua verdade – apoiando-se no fato, bastante real, de que seu próprio pai é maçom. É a presença dessa atividade crítica, é claro, que tornou um trabalho analítico vislumbrável.

Ao fim de alguns meses do seu tratamento, o analisando sente o cerco delirante se abrir. É o que anuncia no início dessa sessão. As tossidelas organizadas, as mímicas reprobatórias diminuíram bastante da parte do seu entorno profissional. Os "maçons" parecem baixar a pressão. Ao mesmo tempo, ocorreu-lhe a ideia de que as perseguições que sofre atualmente tomam emprestado o teor das sevícias reais de que fora objeto, quando criança, da parte de seus colegas de escola, quando começou a se sair mal. Lembra-se dos diferentes episódios, dos insultos que lhe infligiam e, mais particularmente, deste ritual ao qual sua classe o havia submetido: os alunos sentavam-se em fila no muro do pátio e exigiam que ele apertasse com reverência a mão de cada um. Não sei ao certo de onde me veio a ideia de que entre os "maçons" e essa imagem do muro havia uma analogia. Talvez essa aproximação tenha passado por nosso patrimônio linguístico comum, pela referência ao provérbio "c'est au pied du mur qu'on voit *le maçon".[22] Talvez ele tenha sido mais direto, mais mecânico, já que "maçon" [pedreiro] e "mur" [muro] pertencem a um mesmo registro temático. Por uma submissão sem humor à prescrição que meu discurso interno me impunha, disse a ele que "estaria pensando nesses alunos sentados no muro quando pensa nos maçons". Sua surpresa foi tão forte quanto a minha. Ele me diz que "não", mas não sei para o que é que ele diz "não". Para a verdade dessa aproximação ou para o pensamento que ela trazia para a consciência? Pois ele logo acrescentou que "é claro que os maçons são, por princípio, pessoas bem posicionadas..."*

Duas ordens de fato são, aqui, exemplarmente aclaradas. Uma já nos é conhecida: o extremo contraste entre a superficialidade dessa operação analógica, seu caráter de artifício que não para de chocar e a relativa gravidade da representação que ela faz surgir. A figura dos "maçons" alimentando até então o seu delírio, segundo um eixo estritamente metafórico, difuso, impessoal, deixa aparecer o registro metonímico no qual, de deslocamento em condensação, ela foi gerada. Ela permite identificar uma lembrança histórica precisa da qual o trabalho do delírio tirou seu material. É na representação inconsciente "de pessoas bem posicionadas" emprestada dos traços mnésicos recalcados ao cabo da percepção de uma determinada cena infantil masoquista que o afeto homossexual encontra, por meio de uma inversão no seu contrário, a sua satisfação. Sob a fantasia manifesta "sou perseguido por maçons – dos quais meu pai faz parte" pode-se doravante inferir (e é nesse sen-

---

22 Literalmente: "é ao pé do muro que se conhece o pedreiro ['*maçon*', em francês]". Em português, poderíamos verter pelo provérbio análogo: "é na tempestade que se conhece o marinheiro". [N.T.]

tido que suas associações conduzirão ulteriormente o analisando) um fantasia secreta: "sou amado pelo meu pai – que é bem posicionado". O elo perdido da cadeia significante, aquele que transporta o traço ideal da figura paterna excitando o complexo de inferioridade da criança – também aquele cuja supressão desencadeou o curto-circuito da convicção delirante – se descobre. O *Einfall* que surgiu, depois da aproximação analógica, é sua enunciação. E essa enunciação (ao analista) autorizará o pensamento inconsciente a se articular na estrutura pré-consciente.

A segunda ordem de fato à qual esse curto relato clínico nos confronta permite situarmos um pouco mais precisamente o lugar que o fenômeno analógico ocupa no funcionamento psíquico. Estamos aqui em presença de uma analogia que permanece no limite do audível; foi preciso, para escutá-la, consentir com uma regressão vertiginosa da escuta. A aproximação à qual ela dá lugar soa como um jogo de palavras quase insolente, caso o refiramos ao intenso desamparo que submerge à consciência desse analisado e ao perigo com que a produção delirante ameaça sua própria vida. Quanto ao *Einfall* que surge disso, ele parece menos um pensamento profundo do que um *Witz* – aquilo que a língua comum chamaria de palavra certa –; ele não passa da tradução, numa língua prosaica, de um conceito abstrato e que modifica apenas a sua significação: "é claro que os maçons são pessoas *bem posicionadas*". Mas isso só nos aparece como tal porque não prestamos atenção demais ao contexto mais geral em que essa analogia se produz. Decerto, é difícil pensar juntas as categorias da arbitrariedade e do determinismo. Contudo, é a isso que nos compele a compreensão do fenômeno analógico.

A analogia se deu num momento muito particular desse tratamento, no momento precisamente em que ele se engaja, sob a pressão do laço transferencial, num trabalho de rememoração. Ele descobriu, entre duas sessões, que o teor das angústias que seu delírio de perseguição suscita retoma, muito exatamente, o que acompanhava as angústias outrora experimentadas, quando era realmente perseguido pelas crianças da sua idade. Ele também reencontra a mesma sensação de perplexidade e de solidão que experimentava, então, frente a seus pais – que ele não chegava a discernir como superproteção ou abandono... Essa rememoração compete a uma suspensão do recalcamento. A lógica psicótica, que domina atualmente o funcionamento psíquico desse analisado, nos obriga a pensar que são os acontecimentos tardios da infância, mais que os acontecimentos precoces, que constituíram o objeto da amnésia infantil e que retornam na produção delirante. É nesse movimento tão particular do retorno do recalcado que a analogia se produz.

É sempre assim. Não se teria como caracterizar melhor o fenômeno analógico do que dizendo que ele é a figura específica que, na própria substância da linguagem, esse autêntico "processo" psíquico assume. Escolhi essa situação em vez de qualquer outra por uma última razão: a convicção delirante é possibilitada para esse analisando porque moções de desejo infantis recalcadas investem direta, livremente, de dentro, o seu aparelho perceptivo. A amputação, sob o efeito de um recalcamento tão tardio quanto maciço de sua estrutura pré-consciente, exclui todo e qualquer controle pelo seu discurso interno da atividade perceptiva. Ela não lhe permite mais discernir o que compete ao atual daquilo que compete ao que já passou, o que compete ao real ou à fantasia. Ao restaurar, no conjunto do discurso enunciável, o pensamento inconsciente que subjaz a moção de desejo homossexual pelo pai, o processo analógico cria as condições de um juízo que modifica, por sua vez, as condições da atividade perceptiva. Só percebemos o mundo com os nossos olhos, mas o reconhecemos segundo o prisma que o nosso discurso interno lhe impõe. O interesse da interpretação

56 ENCANTOS DA ANALOGIA

analógica residiria, em última instância, num reforço do controle que a instância da língua exerce normalmente sobre a atividade perceptiva. O deslocamento que se opera, do significante "maçom" ao significante "bem posicionado", é ínfimo demais para que a escuta seja sensível a ele. É suficientemente eficaz para que o frágil equilíbrio que regula o conflito psíquico seja definitivamente abalado. É engraçado pensar que o que se passa, sob o regime manifesto do fulgor das palavras e sob a máscara fascinante da magia do pensamento, exige tantos desenvolvimentos para se tornar um pouco inteligível...

3. A lei de Lavoisier se aplica à matéria psíquica

É véspera de Natal; o menino de cinco anos, conhecido pelo nome de "Homem dos lobos", espera seus presentes. Por conta de sua conformação psíquica atual, nenhum presente lhe seria mais precioso do que aquele que testemunhasse o amor de seu pai. A criança adormece e sonha; adulto, relatará:

A janela abre sozinha de repente e, para o meu pavor, vejo que, na grande nogueira frente à janela, estão sentados vários lobos brancos. Havia seis ou sete... Tinham caudas grandes como as raposas e suas orelhas estavam levantadas como cães, quando atentos a algo. Tomado por um grande pavor, evidentemente de ser comido pelos lobos, eu gritei...[1]

---

1 Sigmund Freud (1918), "L'homme aux loups". In *Cinq psychanalyses*, Presses Universitaires de France, 1966.

58   A LEI DE LAVOISIER SE APLICA À MATÉRIA PSÍQUICA

Seguindo passo a passo os deslocamentos, condensações e inversões em seu contrário que o conduziram a esse conteúdo manifesto, Freud reconstrói o que fora o sonho dessa noite de festa, o sonho sonhado: a criança, identificando-se a uma mulher (sua mãe), alucinou que era penetrada sexualmente pelo pai. Os violentos mecanismos de defesa suscitados pela irrupção desse desejo homossexual transformam a satisfação obtida em angústia; o pai, único a ser tão desejado, numa alcateia; e o anseio de ser amado por ele, em pavor de ser devorado.

Mas como se construiu esse sonho originário? Freud, em *A interpretação dos sonhos*, respondeu parcialmente a essa pergunta: o sonho "realiza" o desejo nos moldes de uma alucinação. Um potente apego amoroso pelo pai dominava a fase sexual que o filho estava então atravessando. Mas aquilo que o eu dessa criança pequena – ou, mais certamente, os múltiplos agentes psíquicos inconscientes que concorreriam na constituição desse sonho – não sabia então era que isso poderia se assemelhar a uma satisfação sexual recebida do pai. Foi preciso então que, movido por essa espera e essa curiosidade, o sonho explorasse os traços perceptivos suscetíveis de informá-lo a respeito. Assim foi descoberta a lembrança de uma cena, a qual a criança fora aos dois ou três anos de idade, o observador passivo, enquanto dormia no quarto de seus pais numa noite de verão: um coito entre os pais numa posição que deixava claramente aparecer, a diferença dos órgãos genitais do pai e da mãe.

O sonho não inventa nada; ele se contenta, em seu conteúdo manifesto, em disfarçar as representações próprias ao conteúdo latente que provêm, por sua vez, exclusivamente das lembranças mais precoces, datando da primeira infância – lembranças as quais Freud, em "História de uma neurose infantil", dedica-se a fundamentar a realidade e a estudar a natureza. Cada detalhe dessa "cena primitiva" se fixou, com uma precisão diabólica, em lugares descentrados do aparelho anímico que são difíceis de qualificar como psíquicos. São "depósitos" de traços perceptivos ou sensoriais negligenciados pelo pensamento, como o subúrbio o é pelo centro da cidade. Consideremos como lugares de inscrição mnêmica de onde, sob certas condições, em certas circunstâncias, nasce, só-depois, o psiquismo.

"Sabe-se", diz Freud, "que perto da origem, todas as características com as quais estamos acostumados a edificar nossas distinções têm tendência a desvanecer". E, ao se interrogar sobre a natureza da fantasia inconsciente, acrescenta: "Isso pareceria, então, a promessa feita pelas três feiticeiras a Banquo, sem dúvida, não sexual, tampouco sádica, mas, no entanto, trazendo a matéria de onde devem sair um e outro".[2] A mesma indistinção caracterizaria, nas camadas profundas da alma, a natureza do tecido mnêmico: ainda não psíquico, mas a matéria de onde sairá, um dia, o psiquismo. Para compreender esse fato insólito, imaginemos a situação de ruínas ainda não exumadas e pertencendo a civilizações desconhecidas: a humanidade deve a elas o que se tornou, mas será preciso aguardar que tenham sido descobertas para que o homem reajuste a representação que tem de si mesmo. A rememoração é uma operação complexa que empenha tanto a categoria do tempo quanto a do espaço. Freud teve a intuição disso desde *A interpretação dos sonhos*: "*Traüme sind Erinnerungen*", escrevia ele, o que podemos traduzir por "os sonhos são rememorações" – tirando o fato de que a palavra "rememoração", ou mesmo "lembrança", não dá conta do engenho semântico da palavra *Erinnerung*. Esta significa, literalmente, "colocar no interior"; logo, no interior de um sistema de interpretação que, no caso do indivíduo, é o sistema psíquico organizando a subjetividade.

---

2 Sigmund Freud (1919), "Un enfant est battu". In *Névrose, psychose et perversion*, Presses Universitaires de France, 1973, p. 227.

60 A LEI DE LAVOISIER SE APLICA À MATÉRIA PSÍQUICA

Freud, no texto consagrado ao homem dos lobos, dá um passo a mais: ele postula que, mais que uma simples condição da produção do sonho, a rememoração representa sua própria atividade. Ela é a expressão de uma curiosidade do aparelho psíquico: sob a sua pressão, os pensamentos do sonho infiltram fugidiamente as *terrae incognitae* do aparelho anímico – esses territórios que lhes estão normalmente fechados, que lhes são desconhecidos e hostis – e relatam determinadas informações a seu respeito. Esses pensamentos procederiam como as antenas que Freud, na ficção de *Além do princípio de prazer*, atribui à vesícula viva:

Mergulhado num mundo exterior carregado das mais fortes energias, esse pedaço indiferenciado de substância excitável informa-se a respeito da direção e da natureza das excitações externas e, para tanto, contenta-se em tomar pequenas amostras, em degustar quantidades mínimas.[3]

Assim, os pensamentos do sonho, atravessando suas fronteiras naturais, capturam aquilo que, nos depósitos perceptivos, responde às suas necessidades e as importam para o aparelho psíquico de uma forma que não teria como ser a originária, mas toma emprestado necessariamente o suporte do material de chegada... que as transforma. O aparelho anímico seria extenso e heterogêneo. Os lugares de memória onde repousa, por exemplo, a lembrança da cena primitiva são suportados por um material que continua desconhecido para nós, do qual podemos apenas especular, e muito aproximativamente, a origem perceptiva. Ao passo que o material psíquico do qual os pensamentos do sonho são tecidos

---

3 Sigmund Freud (1920), "Au-delà du principe de plaisir". In *Essais de psychanalyse*, "Petite Bibliothèque Payot", 1981, p. 69.

nos é familiar, ele é consubstancial àquilo de que nos servimos para descrevê-lo: a língua.

***

Caso se siga essa nova interpretação, cumpre constatar que os pensamentos do sonho dispõem de uma perspicácia sensorial, de uma penetração de que o pensamento desperto não dispõe. O sonho garante a apreensão da cena de amor, cujo traço é conservado na memória inconsciente da criança, desse dado factual feito de uma materialidade não componente; ele forja uma representação necessariamente indireta, dota-a de uma significação sexual e a transpõe para uma tópica que abre para novas modalidades perceptivas – muitíssimo complexas, ademais: é assim que a criança, no próprio desenrolar do sonho, participa ativamente do seu roteiro, identifica-se às posições sexuais – ora do homem, ora da mulher – e observa, simultaneamente e *in effigie*, o seu desenvolvimento, provendo assim os meios para si de construir, ulteriormente, as suas narrações.

Os fatos aqui são difíceis de descrever, pois a percepção interior operada pelo sonho é também determinada por certo jogo pulsional. É por isso que Freud, que, em *A interpretação dos sonhos*, havia separado o estudo do trabalho do sonho da teoria sexual, confronta, aqui, a produção desse sonho aos avatares sexuais que o homem dos lobos encontra no seu desenvolvimento infantil: ele descobriu, então, que o sonho transmitia uma atividade pulsional que ainda não havia chegado a se "neurotizar"; que ele era um substituto da atividade sexual infantil, uma tentativa de resolver os enigmas e as faltas encontradas pelo menino. E se, com efeito, o sonho retém, na pletora de lembranças disponíveis, a informação relativa à diferença dos sexos, é por curiosidade. De igual maneira, por causa do seu desejo homossexual passivo, é privilegiada, nesse roteiro onírico, a lembrança da mãe "oferecendo-se ao pai". É, por

62 A LEI DE LAVOISIER SE APLICA À MATÉRIA PSÍQUICA

fim, a partir do ideal narcísico que é recusada, como preço a pagar por esse gozo alucinatório, a realidade da castração.

Pela percepção originária – passiva – e sob o efeito da sedução parental, o germe da sexualidade adulta é trazido na espessura mais primitiva e mais periférica dos tecidos da alma infantil. A percepção onírica procede de outro modo: ela escolhe, na jazida das lembranças infantis, as representações de que as pulsões necessitam para saciar sua satisfação e assegurar sua descarga – aquilo de que o eu, *in fine*, depende para manter sua homeostase. Ela é, diferentemente das operações perceptivas ordinárias que se reduzem ao registro de dados externos, uma operação ativa e dupla: ela extrai da memória infantil certas lembranças, depois logo as articula a pulsões parciais.

Essa operação é capital para o funcionamento psíquico.[4] A "representação" na qual ela desemboca tem a particularidade de solidarizar dois "representantes", da pulsão e do objeto, cujo traço a memória guardou. Notemos que é nessa formação mista originária que o recalcamento intervirá secundariamente: ele separará o afeto do objeto, submetendo o primeiro a uma lenta perlaboração psíquica, compelindo o segundo a se deslocar para substitutos. A percepção onírica, captando ulteriormente o acontecimento real e ligando-o à pulsão, criou, então, as condições do recalcamento. Essas duas operações psíquicas, opostas quanto ao seu movimento – uma liga, outra separa –, concorrem para a construção psíquica: o recalcamento dessexualiza o que a percepção sexualizou.

A percepção onírica garante a junção entre duas realidades imediatas que não constituiriam espontaneamente o objeto de nenhuma negociação: a realidade exterior onde se enraíza o destino do sujeito futuro – sua história singular; seu entorno, com

---

4 É a apreender essa operação psíquica que se atém, a meu ver, à escrita de "Pulsões e destinos de pulsões".

seus excessos ou suas carências; sua natureza cuidadora ou sedutora – e a realidade tão misteriosa e, no entanto, tão pesada da pulsão. Dessa junção nasce a fantasia de onde o espírito retira seu realismo, da qual o sonho é testemunha. A polissemia, inscrita na acepção popular da palavra, diz bem, na inconsistência e na fugacidade da sua experiência, a realidade da convicção para onde ele nos conduz e a potência das encarnações que ele nos revela...

***

É notável constatar que a ligação dos fragmentos mnésicos com as pulsões parciais acompanha uma transposição dessas duas realidades elementares sobre uma cena psíquica. Fazendo isso, essas duas operações privam a pulsão da sua selvageria, da sua tendência à repetição cega, da sua carne, e a introduz na nova ordem da figuração, da negação e da significação. O desejo sexual passivo pelo pai que anima o menino, sem que ele saiba, encontra, na representação da mãe que se submete ao coito, a matéria para uma identificação feminina que é da ordem de uma "provação" psíquica. No teatro da alucinação onírica, a criança se dobra realmente a uma identidade sexual como essa – que se prolongará na homossexualidade latente do adulto que ele vai se tornar. Do lado do eu, "espectador" da alucinação num movimento de auto-observação, desenvolve-se, ao contrário, uma censura que é da ordem "conceitual" do juízo.

Essa censura é uma percepção da percepção: o eu do menino se representa ativamente identificando-se passivamente ao outro sexo. É, aliás, por conta dessa censura que o sonho vai se transformar em pesadelo e terminará. A lacuna que separa o ato da identificação da sua representação é análoga à lacuna que separa a realidade pulsional da sua encenação psíquica; análoga, ainda, à lacuna que separa o determinismo pulsional da realização subjetiva do indivíduo. Essa lacuna que cria o espaço da fantasia é um deslocamento.

64 A LEI DE LAVOISIER SE APLICA À MATÉRIA PSÍQUICA

Nessa cena psíquica, se transpõe e se reúne o conjunto das realidades às quais o sujeito humano é originariamente confrontado. Mas não perderemos de vista que esses deslocamentos não bastam, por si sós, para constituir uma cena. Deve-se acrescentar a isso uma transformação econômica que o sonho também realiza quando, encontrando certo fragmento mnésico e articulando-o a certo movimento pulsional, abre um novo destino para a pulsão: é, com efeito, porque a pulsão se liga a um objeto que ela *se sexualiza*; mas é também porque esse objeto não é mais um objeto atual – mas um objeto anacrônico, um objeto de memória – que ela *se psicossexualiza*: ele é um objeto encontrado pela suspensão da amnésia infantil, na profundeza da alma que escapa à jurisdição do eu; um objeto perdido.

Toda a diferença entre sexualidade e psicossexualidade se deve a essa tripla transformação – transformação temporal, transformação espacial e transformação "enlutante" – pela qual o trabalho de rememoração faz com que passem tanto o objeto quanto a pulsão: um objeto descoberto como perdido, encontrado como representação mental, investido por um afeto doravante reduzido a uma emoção. É por essa tripla transformação que a memória é produtora de cena. A psicossexualidade, essa energia própria do aparelho psíquico, nasce de uma desencarnação da exigência pulsional que jorra, constantemente e em ondas sucessivas, das profundezas do aparelho anímico.[5]

---

5 Cf. Freud: "Poderíamos decompor a vida de toda pulsão em ondas isoladas, separadas no tempo, homogêneas no interior de uma unidade dada de tempo e tendo, entre si, quase a mesma relação que sucessivas erupções de lava. Podemos representar aproximativamente as coisas assim: a erupção pulsional primeira, a mais originária, se perpetuaria sem alteração e não sofreria absolutamente nenhum desenvolvimento. Uma onda seguinte seria submetida, desde o começo, a uma modificação — por exemplo, o retorno como passividade — e se juntaria, então, com essa nova característica, à onda anterior, e assim por diante." In "Pulsions et destins des pulsions" (1915), *Métapsychologie*, Gallimard, 1968, p. 31.

Certos estados psicóticos testemunham *a contrario*. Entre as múltiplas determinações que contribuem para a eclosão da psicose, uma das mais frequentes e das mais facilmente perceptíveis – para os que têm acesso a um tratamento analítico ou psicoterápico – concerne à inibição das funções asseguradas pelo processo do sonho. Esses pacientes não relatam seus sonhos, tendem mais a revivê-los na experiência transferencial. Essa debilidade do processo onírico limita, ao mesmo tempo, o alcance do processo analítico; daí, se poder deduzir, com Winnicott, que a capacidade de sonhar é a condição primeira da analisabilidade.

O requisito para a análise de pacientes que sofrem de estados psicóticos consiste em restaurar uma cena do sonho por uma escuta que empenha o analista a participar – mais ativamente do que faz nas análises ordinárias – da alucinação transferencial. Substituindo pontualmente o eu débil do paciente, garantindo a função faltante da instância que observa e tolera o desenvolvimento do roteiro alucinatório, uma escuta como essa é suscetível, ao circunscrever uma outra borda, de edificar a alucinação em cena. Na falta de sonhar, frente a uma pulsão que permanece sem transformação e a um objeto sem representação, esses pacientes, para se defenderem da irrupção homossexual, dispõem apenas do recurso ao negativismo, um negativismo cuja tradução verbal seria: "não, eu não sou uma mulher!".

Ocorre de um modo completamente outro com o "nosso" menino: frente à mesma pulsão homossexual, graças a um sonho em parte fracassado, em parte bem-sucedido, ele realiza, com o desenvolvimento de angústia, uma operação de negação. Sua tradução seria: "por essa angústia, eu recuso me reconhecer em meu desejo de ser como a minha mãe". O conteúdo manifesto do sonho, "não ser devorado pelos lobos", nega o que era o seu conteúdo latente, "ser amado pelo pai". O sonho "trabalha" a língua, modifica sua gramática – as

66 A LEI DE LAVOISIER SE APLICA À MATÉRIA PSÍQUICA

articulações comandam as comparações, negações, conjunções, afirmações – e, por conseguinte, afeta a carne das palavras com um efeito de transubstanciação igual ao que a representação exerce sobre a realidade da memória e da pulsão.

***

Revela-se, então, que esse sonho infantil, que a análise levou à consciência, tinha reencontrado – e interiorizado no tecido nascente da neurose infantil – um "pedaço de realidade" que determina o comportamento sexual compulsivo do moço que essa criança se tornou. A atividade analítica retoma a atividade onírica; uma e outra abrem para a exumação do recalcado. Por conta dessa equivalência, Freud qualifica esse sonho como "processo", *Vorgang*, garantindo um "avanço", *Fortschritt*.[6] Ele lhe atribui até mesmo um poder psicoterápico, ressaltando que, sob a influência desse sonho, a criança pôde abandonar seus acessos de raiva e entrar na neurose e seu corolário obrigatório, a angústia.

Freud tem razão em falar de "processo". Além da "rememoração-ligação", da qual já vimos que a experiência onírica procedia, esta opera ainda um retorno pulsional que leva o menino a se identificar, ativamente, com uma posição passiva feminina e a instituir, ativamente, seu pai como objeto interno. O sonho procede, então, tanto da constituição do eu quanto da instituição de uma relação de objeto que produz uma estrutura psíquica elementar da qual

---

6 "Ele teria compreendido, no decorrer do processo desse sonho, que a mulher era castrada e que ela tinha, ao invés do membro viril, uma ferida que servia para o intercurso sexual; a castração lhe surge, assim, como sendo a condição da feminilidade...", e ainda: "Mas então se passou algo de novo agora que ele tinha 4 anos. A experiência que ele havia adquirido no intervalo; as alusões feitas, diante dele, à castração revelaram-se e lançaram uma dúvida sobre a 'teoria da cloaca'; elas lhe sugeriram o reconhecimento da diferença dos sexos". In "L'Homme aux loups", *Cinq psychanalyses*, Presses Universitaires de France, 1966, pp. 353-354, 382.

o aparelho psíquico não passa da extensão – infinita, aliás. Essa estrutura psíquica que o sonho, ao cabo da sua realização, terá depositado na alma, será retomada e completada por outros sonhos – e também, ulteriormente, pela experiência transferencial do tratamento.

Percepção dos traços mnésicos inconscientes; ligação do rememorado com os movimentos pulsionais – logo, simbolização –; constituição de uma instância do eu e de um objeto interno – logo, de uma relação de objeto –: essas são as primeiras etapas desse processo. Vai se acrescentar a isso a edificação de uma modalidade nova de discernimento endopsíquico, graças à lacuna que o sonho instala entre as "posições" daquele que dorme e do sonhador, do eu que desperta e do autor da fantasia. A instalação dessa lacuna convocará o relato do sonho.

***

Sabe-se que aquilo que Freud designa como *trabalho do sonho* é a transformação do conteúdo latente – a alucinação na qual o processo do sonho desembocou – em conteúdo manifesto, depois, em relato. Tentemos, agora, *a contrario*, reconstituir o que foi o *processo do sonho*, partindo das associações que o analisando adulto acrescentou ao seu relato. O comentário desse tratamento não tem ambiguidade, os pensamentos que ocorrem ao homem dos lobos retomam o material semântico de que a criança dispunha antes de adormecer. Freud disseca, com minúcia, seus constituintes. Com efeito, longe de ser ordenado como um discurso único, homogêneo e coerente, esse material provém de fontes mnésicas múltiplas e dá suporte a conotações afetivas variadas. É assim que se pode discernir ali as palavras que a criança escutou da boca de seu avô, de sua irmã, de sua babá ou da governanta que têm, geralmente, um conteúdo sexual; o que a criança leu em seus livros de contos de fadas e que está articulado às categorias da

68 A LEI DE LAVOISIER SE APLICA À MATÉRIA PSÍQUICA

angústia e do pavor; os discursos que a criança enunciou para si, internamente, em certas circunstâncias comoventes e intrigantes como as visitas, na companhia do pai, aos rebanhos de carneiros agonizando, ou quando surpreendeu, ao longo da conversa da mãe com seu médico, a sua queixa: "não consigo mais viver assim!" – discursos evidentemente referidos aos seus objetos edipianos.

Quer tenham sido recebidos passivamente do mundo e seus objetos ou tenham sido construídos ativamente e sejam enunciados em pensamentos que permaneceram pré-conscientes, esses discursos constituem a matéria da qual o sonho retirou as vias da sua figuração.[7] Nem a pulsão nem o traço mnêmico têm representações que lhes sejam próprios: a pulsão, por ser uma força pura, uma "exigência de trabalho"; o traço mnêmico, por competir a uma excitação dos tecidos anímicos, de um mero "trilhamento". Podemos compará-los a negativos fotográficos que, para "se revelar", necessitam de representações auxiliares que se precisa selecionar e às quais devem se ajustar. Pulsão e traço mnêmico não passam de pré-formas, de organizadores de representações.

Logo, se um mesmo material verbal serviu ao processo do sonho e, depois, retornou no trabalho associativo, bastará comparar o estado desse material no conteúdo manifesto do sonho e no conteúdo das associações para descobrir quais significantes particulares "cobriram" a alucinação e procederam à sua figuração. Três significantes essenciais são comuns a essas duas etapas da experiência onírica: o "branco" dos carneiros e dos cabritos, evocador

---

7 Freud explicita isso muito precisamente: "o lobo sem rabo, no relato do avô, incita os outros a subir em cima dele. É esse detalhe que redespertou a lembrança visual da cena primitiva; por essa via, ficou possível ao material da cena primitiva ser representado pelo da história dos lobos e, ao mesmo tempo, aos dois pais serem devidamente substituídos pela pluralidade dos lobos", Sigmund Freud, "L'homme aux loups". In *Cinq psychanalyses*, Presses Universitaires de France, 1966, pp. 353-354.

da nudez dos pais; o "rabo" dos cães, lembrando o pênis do pai e o – faltante e apavorante – da mãe; o "subir em cima" dos lobos, representando o coito. Deslocados para os confins da Memória e da Psique, esses significantes, emprestados do campo semântico préconsciente, tiveram de se mostrar os mais aptos a ligar a pulsão e a representar os constituintes especialmente excitantes ou traumáticos da lembrança.

A escuta analítica reconhece um valor significante em certas palavras devido ao fato de que elas conservam, no discurso manifesto, os traços da sua participação na experiência inconsciente: um excesso de brilho ou de palidez, certa reserva do locutor em sua enunciação, uma carga de estranheza, uma tendência a se repetir por meio de diversas analogias modificam sutilmente suas significações, suas cores e seus timbres. Essas alterações do discurso testemunham um "devir significante" dessas palavras e, portanto, a transformação que o eu teve de conceder a sua participação na experiência alucinatória – parte essencial do processo do sonho, bem como do processo analítico. Da mesma maneira que o símbolo da negação é "um substituto intelectual do recalque, seu sinal de marcação", o devir significante de uma palavra comum é a prova de que ela está, dali em diante, carregada com uma representação infantil como "um certificado de origem comparável ao *made in Germany*".

Podemos representar o devir significante da linguagem da seguinte forma: depois de a regressão psíquica suscitada pelo sono expulsar certas palavras de seu contexto ordinário e tê-las isolado, elas serão, graças à alucinação, investidas simultaneamente por esse fragmento da realidade mnêmica – porque ele encontra ali por onde se refletir – e por essa pulsão parcial – porque ela pode se apoderar disso como... seu próprio objeto. O devir significante continua fundamentalmente arbitrário: ele depende inteiramente do encontro que o processo organiza, no mais profundo do apare-

70 A LEI DE LAVOISIER SE APLICA À MATÉRIA PSÍQUICA

lho anímico, entre a materialidade da história e da pulsão e aquela, muito mais inapreensível, da língua na qual o ser circunscreve a sua subjetividade. Esses significantes, como "intermediários" oportunistas e efêmeros entre Alma e Psique, abrem à língua um poder de infinita significância e constituem a surpresa e o encanto da fala.

***

O processo do sonho (bem como o seu *analogon*, o processo analítico) trabalha, assim, para a constituição, a partir de uma representação de coisa, de uma representação de palavra. Nesse trajeto, nada das forças presentes se perde verdadeiramente: a pulsão, o objeto pertencente ao contexto mnêmico originário são conservados; eles são apenas reunidos numa unidade fantasística nova. Tudo muda, no entanto: o objeto substituído pelo significante abandona sua carga incestuosa. A pulsão, ao se transpor do objeto edipiano para a sua representação, é inibida em sua tendência à realização, em prol de uma economia diferida do investimento. O acontecimento mnêmico, liberto da compulsão a se repetir, satisfaz-se dali em diante com a evocação, por mais distante que seja, desde que nenhuma ruptura afete a continuidade do significado e do significante.

No entanto, uma única condição – tirando o arbitrário – é requerida: que sua raiz seja ampla o suficiente para que a palavra possa estender sua polissemia. O devir significante brinca com a massa sonora da palavra e com seu poder de se reverberar em imagens. Essas qualidades plásticas da linguagem, oriundas do parentesco sensorial entre experiência visual e experiência acústica, estão naturalmente inscritas na estrutura do semantema e são, nesse nível de regressão pelo qual o sonho faz com que elas passem, simplesmente reativadas. É graças a essa materialidade física das palavras que a realidade do desejo e da sedução parental se transpõe para a cena psíquica. Por falta de ferramentas perceptivas adequadas, essa materialidade nos escapa, de modo que resistimos a ver a língua como ela é: um pedaço de natureza.

Cumpre, entretanto, admitir: a fantasia, desde a sua constituição, é suportada por um discurso. Esse discurso é, nessa etapa, reduzido a uma justaposição de palavras isoladas. Sintaxe alguma vem temperar a febre pulsional e a crueza representativa, introduzindo aí o obstáculo da negação ou a lacuna da comparação. Mas ele já é um discurso, visto que, graças ao trabalho do sonho – que converterá esse conteúdo latente em conteúdo manifesto –; depois, à elaboração secundária – que remanejará essa fantasia elementar numa ficção partilhável –; depois, por fim, ao relato do sonho, esse magma semântico encontrará lugar na língua comunitária... e a transformará. Vejamos aí a matriz do "discurso interno" que, na interface do eu e do inconsciente, assegura uma função homeostática, para-excitante de rejeição ou de integração; e, no pré-consciente, regula a economia narcísica e objetal.

Esse discurso interno, que substitui a exigência pulsional que ele "captura na palavra" e o objeto mnêmico que ele liberta da sua "força de atração" e erige como representação, é preciso que o identifiquemos como o suporte daquilo que Freud nomeava como "processo do sonho". Essa hipótese não é fácil de captar, mas essa não é uma razão para renunciar a ela. No momento da sua produção, o sonho impõe ao eu uma realização "real" do desejo; daí, esse realismo do sonho se desmancha sob o efeito dos relatos e dos discursos associativos; é a esse custo de fala que se atenua a tensão introduzida pelo processo, e que o sonho pode parecer ao eu, secundariamente, como sendo uma ficção. A exigência pulsional e a realidade da lembrança são deslocadas para o peso das palavras e sua força de evocação. A linguagem não se contenta com representar a fantasia, sua vocação consiste em substituí-la totalmente.

72   A LEI DE LAVOISIER SE APLICA À MATÉRIA PSÍQUICA

***

De fato, esse discurso que constitui a substância do processo do sonho já comporta uma negação: ela ainda não apresenta, nesse estágio, a forma sintática que Freud descreve no texto de 1925,[8] esse símbolo do "Não" pelo qual o analisando previne a interpretação do analista ao associar, após um relato de sonho: "Minha mãe? Não, não é ela!". A expressão simbólica pertence às camadas mais organizadas do aparelho da linguagem, ela ainda não está presente na linguagem do relato do sonho, ela só aparece na linguagem, mais excentrada e mais tardia, das associações.

A negação, nessa etapa do discurso interno, ainda não está significada, então: a significação é uma etapa tardia do discurso. Mas ela já está lá, ativa, incluída na própria atividade de nomeação à qual procedem as palavras oriundas do pré-consciente, enquanto que, enviadas para os lugares de memória, aumentam suas polissemias para representar os fragmentos, sem identidade própria, dos restos mnêmicos e das pulsões. Quando o pequeno sonhador designa como "subir em cima" o ato do coito parental cuja lembrança assombra a sua alma, por meio dessa própria nomeação, ele apaga o estatuto intrusivo do traço mnêmico, ele neutraliza a sua excitação. Abstrai-se dela. Nomeação, designação: essas atividades elementares do discurso privam as formações inconscientes de sua substância, ao mesmo tempo que conferem à língua sua amplitude e sua espessura: a expressão "subir em cima", no vocabulário da criança, verá, depois desse sonho, o seu sentido enriquecido com uma acepção nova e sexual – o que daria a pensar que o sonho é um dos lugares onde se fabrica a polissemia dos idiomas pessoais.

Esse "a mais" de realidade que o discurso interno concede à língua é subtraído da realidade mnêmica e pulsional. A lei de

---

8 Sigmund Freud, "Le Négation". In *Résultats, idées, problèmes*, 2, Presses Universitaires de France, 1985.

Lavoisier, repousando no princípio newtoniano de economia, comanda a realidade psíquica como comanda toda realidade natural: "Nada se cria, nem nas operações da arte, nem nas da natureza. E pode-se colocar como princípio que, em toda e qualquer operação, há uma igual quantidade da matéria antes e depois da operação; que a qualidade e a quantidade dos princípios são as mesmas e que há somente mudanças, modificações".[9] O discurso interno, ativado pelo processo do sonho, procede a um deslocamento de energia que "carrega" a estrutura semântica e "descarrega" a experiência inconsciente. É nessa perspectiva econômica precisa que cumpre isolarmos, no trabalho da negação, uma primeira etapa que precede e condiciona o acontecimento de uma negação sintática da qual o símbolo do Não é o paradigma: essa *Vorarbeit,* esse trabalho prévio, é garantida pelo jogo puramente semântico das operações de designação e de nomeação que convertem a força pulsional e representativa numa extensão da estrutura significante da língua.

A negação propriamente dita viria, num segundo momento, estabilizar essa estrutura, da mesma maneira que a arquitetura gótica, erguendo ogivas cada vez mais audaciosas, teve de acrescentar às suas catedrais, para consolidar os seus corpos, arcobotantes cada vez mais sofisticados. Freud recorda isso com firmeza: tudo o que, no aparelho da língua, é do foro da articulação sintática, como esse símbolo da negação, deve ser dissociado do material semântico que ele vem confortar, sustentar, estear ou aliviar com um fim que, no fundo, é sempre o mesmo: garantir à palavra a tarefa psíquica essencial de negar o realismo da coisa que ela evoca.

---

9 *Encyclopaedia universalis,* artigo "Lavoisier".

4. Perder o que se ama, amar o que se perdeu

Dos mais diversos horizontes, fizeram-se escutar vozes que chamaram a atenção dos analistas contra o "culto" da interpretação: de Lacan ("Sobretudo, não compreendam") a Bion, que afirmava que, com certos pacientes (psicóticos), muita inteligência por parte do analista poderia ser letal. O lugar que ocupa a interpretação no desenrolar do tratamento e o manejo da transferência não deixa de ter uma analogia com o lugar que Freud atribui ao conceito de melancolia no desenvolvimento de sua metapsicologia, em "Luto e Melancolia" e em "O eu e o isso". Cada tratamento dá razão a essa insistência: em alguns momentos críticos, observamos um posicionamento melancólico do eu, "essa reação a uma perda que a realidade afirma, mas que o eu tem de negar, por ser insuportável. Ele retira então o investimento do sistema de percepção, do sistema consciente..."[1]

---

1 Sigmund Freud (1915), "Complément métapsychologique à la théorie du rêve". In *Métapsychologie*, Gallimard, 1968, p. 141.

A experiência alucinatória com a qual a transferência se alimenta suspende o efeito das perdas de objeto que, em seu tempo, ameaçaram de desaparecimento o eu do analisando. Não se trata de uma negação, pois essa suspensão é provisória e pode ser contida pelo enquadre analítico. O analista participa desta "restauração", suportando ser o substituto do objeto perdido e tolerando, no tempo da sessão, a suspensão do princípio de realidade. O tratamento cria as condições de uma "melancolia a dois". É dessa troca amorosa que o discurso associativo se afasta secundariamente, conduzindo o eu à via da renúncia e sua relação de objeto à da dessexualização. Nesse tempo – ou nesse espaço – melancólico do tratamento, o analista trabalha mais com a sua presença, a sua escuta, o seu discurso interno do que com a palavra interpretativa que poderia enunciar.

A interpretação representa outro tempo da atividade do analista. Mas, assim como uma ferramenta da mudança psíquica, ele será também seu sinal: a interpretação vem ao analista tão logo este consegue se desprender da identificação melancólica que consentiu aos objetos primários "edipianos" do paciente, pelo tempo que o reconhecimento de sua perda for "insuportável" para ele. Entre o movimento conservador da melancolia e o libertador da interpretação, instaura-se, em cada analista, em cada sessão, o ritmo próprio para trançar o vivo e o morto, a repetição e a mudança, a pulsão e a representação. Com efeito, é a interpretação que assegura definitivamente a passagem entre revivescência e renúncia, e faz o sujeito transpor o abismo que separa o medo de perder aquilo que ele ama do prazer de amar aquilo que ele perdeu.

**

Com esse paciente, que o delírio há muito tempo apartou do mundo, o tratamento foi átono, a princípio; depois, o processo analítico pôde começar e o humor voltou-lhe. Risonho, declarou que havia prestado atenção em como evito "metodicamente" o seu olhar. Ele persiste em me fixar com os olhos. Depois de ter sido frio, até mesmo cruel, seu olhar sobre mim se torna terno, talvez perscrutador. Ele acrescenta acreditar que não o olhar faz parte do meu método, mas, mesmo assim, não exclui que se trate, de minha parte, de uma "esquivada".

Escuto então, nessas palavras, a expressão de um desejo homossexual arcaico ao qual a transferência teria enfim aberto alas, livre dos disfarces patológicos aos quais ele havia estado submetido. Porém, se quero ficar mais próximo da sutilidade dos encadeamentos que nos ligam um ao outro, eu deveria ter-lhe dito o seguinte: uma interpretação relativa ao conteúdo homossexual de seu discurso impõe-se a meu pensamento e logo enleva a minha convicção, ainda que, no mesmo instante, eu me sinta tomado de uma vertigem pela violência dessa construção, que guardo para mim.

Então, quando ele declara, algumas semanas mais tarde – ainda tão sorridente – que respondeu a um amigo, que lhe perguntou se eu o atendia no divã, que ele não aceitaria jamais tal posição e proposição, devido a "muito medo de (se fazer) ser violentado", vi a prova de que minha construção estava certa; entendi principalmente que, mesmo não tendo sido formulada, transformando as condições de minha escuta interior, ela (a interpretação) modificou suficientemente o teatro onde se desenrolavam as transferências, conduzindo o paciente a uma "confissão", da qual ele não percebia nem a pertinência nem o fundamento.

Pois o paciente não *diz o* seu desejo quando *fala* assim. E aquilo que eu *escuto* não é o que ele diz. O significante que o discurso manifesto transporta em seu rastro, como a cauda de um cometa, continua radicalmente exterior – e estrangeiro – à subjetividade de sua enunciação. O que me torna receptivo a esse mesmo significante é o discurso interior que duplica, de meu ponto de vista, a

78 PERDER O QUE SE AMA, AMAR O QUE SE PERDEU

minha escuta. Ele opera naquilo que anima a palavra escutada: sua organização sexual, os conflitos psíquicos que ela engendra e que o delírio tentava, em vão, resolver.

O discurso interior é o que faz com que outro venha ocupar certo lugar em minha psique; a construção, que me adveio, de um "desejo homossexual" desvela a sua existência, pois ela brota disso: ela se formula para mim no momento preciso em que a trama do discurso interior sofre uma extensão, porque ali se cristaliza, de repente, uma pletora de impressões e intuições anteriores até então mantidas isoladas; decerto ela se ampara num conhecimento teórico segundo o qual "a psicose é o modo de defesa específico do eu contra as tendências homossexuais".[2] No entanto, para que eu habite essa figura abstrata do conhecimento, terá sido preciso que ela tenha sido ativada pelas emoções e representações inconscientes que o discurso escutado, sessão após sessão, deposita em mim passivamente. O que me transforma nessa operação de discurso, que é a construção, é certa passividade contratransferencial da minha escuta, que retorna como uma atividade interpretativa.

***

Pensemos no sonho que abre o capítulo VII, de *A interpretação dos sonhos*. Um pai acompanhou, por dias e noites, o seu querido filho em sua doença e, depois, em sua agonia. Depois da morte do filho, ele foi repousar, deixando o encargo de velar os restos mortais a um velho. Este adormece, uma brasa cai e inflama a mortalha. Sob a pressão desse estímulo visual, o pai sonha que a criança está ao lado de seu leito, toca-lhe o braço, e murmura num tom de reprimenda: "Você não vê que eu estou queimando?".[3] O sonho,

---

2 Sigmund Freud, "Remarques psychanalytiques sur l'autobiographie d'un cas de paranoia". In *Cinq psychanalyses*, Presses Universitaires de France, 1979.

3 Sigmund Freud, *L'interprétation des rêves*, Presses Universitaires de France, 1973, p. 433.

em primeiro lugar, alivia a dor do pai, satisfazendo o seu desejo de que a criança ainda estivesse viva. A fantástica e comovente ilustração que esse exemplo oferece à teoria, segundo a qual o sonho é a satisfação do desejo, justificaria, por si só, o destaque que Freud lhe atribui como epígrafe.

Mas vamos mais longe nessa análise: na frase enunciada pela criança, acaso o leitor não entende, de imediato, a multiplicidade antagônica de moções e emoções aí expressas? Dizer a alguém "Estou ardendo de amor por você!" não é declarar, num mesmo movimento, a felicidade febril desse amor que nos satisfaz e a infelicidade com que ele nos ameaça? O amor, com efeito, coloca necessariamente em perigo a integridade narcísica. A heterogeneidade comum dos conteúdos do discurso não se faz notar na palavra normal que, para continuar audível, tem que enfeudar seus diversos componentes numa única representação-objetivo e reduzir, ao nível mais baixo, a polissemia constitutiva do discurso.

O sonho, ao contrário, graças ao trabalho de desligamento que o move, joga com essa heterogeneidade do discurso, decompõe seus constituintes, os redistribui numa ordem sintática que destaca o sujeito do desejo inconsciente e seu objeto: "*Você* não vê que *eu* estou queimando?*". A situação analítica também. Mas o jogo da transferência conduz a uma repartição totalmente particular dos fragmentos do discurso amoroso: eles se distribuem em *dois campos* contínuos da *fala do paciente* e da *escuta do analista*. No exemplo evocado acima, o paciente narra a ternura, o apego infantil ao objeto paterno; o analista escuta a queimadura, a violência do afeto homossexual infantil.

A lacuna entre conteúdo manifesto e conteúdo latente do discurso justifica a interpretação – ela a exige. Como o processo do sonho, o tratamento vem tensionar essa lacuna pelo seu dispositivo, pelos movimentos psíquicos que ativa: passado o recuo narcí-

80 PERDER O QUE SE AMA, AMAR O QUE SE PERDEU

sico que, no começo do tratamento, o cortava de todo e qualquer contato com seu analista, apaziguadas em parte as angústias persecutórias que o aterrorizavam, o paciente evocado há pouco se regozija por colocar em palavras a familiaridade que o liga a mim dali em diante. Mas ele não sabe que, graças a essa familiaridade, moções recalcadas, eróticas e selvagens, vêm à tona – moções que encontram, nas palavras da ternura, uma representação indireta e uma resolução parcial. A fala do paciente se coloca a serviço de dois cursos de pensamento opostos; ela não dispõe, entretanto, dos meios de perceber e de resolver o que é, propriamente falando, uma "contradição". A construção interpretativa, ao contrário, inscreve em suas palavras os pensamentos que escapam da percepção do paciente, restaurando assim, numa cena ainda momentaneamente isolada, a plenitude polissêmica do discurso.

O que mudou, desde a época em que Freud se debruçou com atenção sobre a questão da interpretação,[4] é que geralmente não pensamos mais que as interpretações que se constroem nos analistas – quando estes focam sua escuta entre o conteúdo latente e o conteúdo manifesto – tenham necessariamente como destino serem comunicadas ao paciente. Não é sua enunciação que muda a relação do paciente com a sua palavra, pela evidente razão de que a interpretação vem de uma cena que é outra, diferente daquela em que se produziu o trabalho associativo. Ora, a palavra, para exercer sua função de ligação semântica, requer a unidade de lugar, a continuidade tópica. Não podemos pedir a um

---

4 "O trabalho analítico consiste em duas peças inteiramente distintas, que se encenam em duas cenas separadas e concernem a dois personagens, cada um dos quais está encarregado de um papel diferente. Perguntamo-nos, um instante, por que há tempos não se presta atenção nesse fato fundamental..." Sigmund Freud (1937), "Constructions dans l'analyse", *Résultats, idées, problèmes*, 2, Presses Universitaires de France, 1985. p. 270.

exército que atravesse um rio sem descobrir previamente um vau ou sem construir uma ponte.

A eficácia da interpretação se deve ao fato de que ela modifica a receptividade do analista em relação à coisa inconsciente na experiência transferencial presente e abre, à palavra do paciente, novas possibilidades de escolha. Ela cria um caminho entre dois discursos diferentes, abre aos pensamentos inconscientes novas vias de comunicação, iniciando entre os dois interlocutores uma nova comunidade de linguagem.

***

A interpretação não consiste, no entanto, em algo que irá designar o sentido oculto daquilo que foi enunciado, e sim em deixar surgir o sentido ainda ausente daquilo que o anima. Ela é uma produção *sui generis* da escuta, sua comunicação é contingente. O recurso à experiência poética e o exame de seus efeitos de leitura – as transformações psíquicas que o poema me inflige – podem esclarecer a compreensão desse fenômeno. Eu releio – pela emoção que me provoca, mas também pela incompreensão irritante que me toma – o poema de Baudelaire "A cabeleira".[5] A imagem que faz com que se juntem, como um casal, "a árvore e o homem" me surpreende e sua significação fica obscura para mim:

> *Irei aonde árvore e homem,*[6] *cheios de seiva,*
> *Ficam esmaecidos sob o ardor do clima.*

O contexto me conduz, de repente, a escutar na palavra "árvore" uma evocação da "mulher". Isto está de acordo com a tonalidade erótica do poema. Experimento certa elação; as emoções confusas

---

5 Charles Baudelaire, *Les Fleurs du mal*, Coll. "Poésie", Gallimard, 1972, pp. 54-55.
6 Grifo meu.

82 PERDER O QUE SE AMA, AMAR O QUE SE PERDEU

suscitadas pelas leituras anteriores unem-se numa representação clara da sensualidade. Se decompuser esse acontecimento da leitura, devo reconhecer que não fiz apenas a substituição de "mulher" por "árvore"; não foi uma tradução segundo um código simbólico. Minha leitura ativa, ou mais audaciosa, abriu-se à constelação significante incluindo "ficar esmaecido", "ardor" e permitiu aparecer a figura feminina que se escondia nessa metonímia. Ela fez aparecer o seu sentido ausente; sob a cena de meu discurso interior, o poema mostra sua polissemia.

Mas, se esse primeiro tempo da interpretação enriqueceu minha compreensão do todo do poema, percebo que logo me conduz a uma nova interrogação: por que a figura da feminilidade teve de sofrer tal disfarce e, para chegar ao discurso manifesto, teve de tomar o longo desvio da figura bíblica da árvore do conhecimento? Qual fantasia inconsciente, quais traços mnêmicos no autor vieram se atualizar, se disfarçar – ao mesmo tempo que denotar – nessa operação de linguagem que chamaríamos, se estivéssemos no trabalho do sonho, de deslocamento e condensação?

Excluo sem dificuldade que o motivo do deslocamento tenha a ver com o horror do feminino. O canto de Baudelaire martela com exagero uma visão "demoníaca" da mulher, como neste poema que vem pouco depois de "A cabeleira":

> *Quando a natura, grande em desenhos ocultos,*
>
> *De ti se serve, ó mulher, dama dos pecados,*
>
> *De ti, vil animal...*[7]

A paixão fortemente ambivalente que a mulher inspira ao poeta em sua obra não foi objeto de nenhum recalque. Assim também fui levado a discernir que a árvore na qual o homem se enlaça não é

---

7 Esse poema, sem título, carrega o número 25, In *Les Fleurs du mal*, Coll. "Poésie", Gallimard, 1972, p. 56.

mais uma figura de mulher, e sim a de uma mãe. Conheço intelectualmente a influência que exerce sobre o poeta a memória de sua mãe. A interpretação que me fez escutar "mulher" ao invés de "árvore" me leva a ter de me apropriar desse conhecimento. Volta-me a queixa que o poeta, emprestando-lhe a voz, lhe atribui. Esses versos quase abrem *As flores do mal*:

> *Maldita seja a noite de prazeres efêmeros*
>
> *Quando meu ventre concebeu minha expiação!*
>
> *Pois você me escolheu entre todas as mulheres*
>
> *Para ser o desgosto de meu pobre marido,*
>
> *E que não posso recusar nas labaredas,*
>
> *Como um bilhete de amor esse monstro enfezado...*

Seria então a representação incestuosa de uma mãe, "mãe maculada pelo ato sexual infantilizado" trazido pelo significante "árvore". Na imagem, harmoniosa e inocente, de um homem abraçando uma árvore, estaria deslocada a representação de uma cena primitiva que o canto tenta exorcizar, reanimando em eco a maldição no discurso interior de seu leitor...

Uma interpretação como essa encontra um "a mais" de justificação no fato de que, por sua vez, ela resolve mais um enigma. Um pouco mais longe, com efeito – nesse mesmo poema "A cabeleira" –, a minha leitura se depara com uma nova obscuridade: que significação dar à palavra "outro" que figura nos dois versos seguintes:

> *Mergulharei minha cabeça bêbada e amorosa*
>
> *Nesse oceano negro onde o* outro[8] *está encerrado*

---

8 Grifo meu.

84 PERDER O QUE SE AMA, AMAR O QUE SE PERDEU

O outro embaralha a clareza do discurso poético, torna a sua leitura indecisa. Qual significado inenarrável vem aí se intrometer? Jean-François Lyotard reconheceu nesse turvamento da língua um recurso da escritura poética: "É assim", escreve ele, "que, na poesia, é essencial que a clareza natural do termo seja perturbada, para que o enunciado possa agir pela semântica da linguagem 'totalmente clara', porém despertadora de ressonâncias 'afetivas', graças à disposição que o poeta impõe à natureza das palavras".[9] "O outro" se intromete no contexto semântico carregado de evocações fortes (a bebida, o oceano negro) pelo contraste da sua neutralidade, talvez da sua negatividade. Não se exclui que o significante, aqui, assegure uma função análoga àquela que Jacques Lacan atribui ao *shifter*, a saber, ser uma forma de "codificação" linguística que abre o discurso para a alucinação inconsciente.[10]

Se eu "transporto", para a leitura do discurso poético, o método do qual me sirvo na escuta do discurso analítico, posso dizer a mim mesmo que o poeta se refere ao homem cheio de seiva ao evocar "o outro". Descubro então que esse último significante recalca uma figura paternal intrusiva, tal como a fantasia infantil a

---

9 Jean-François Lyotard, *Discours, figure*, Klincksiek, 1978, p. 79. Completemos essa citação: "cabe ao significante fazer-se esquecer completamente em benefício do significado, exceto, evidentemente, quando a intenção inversa – a de colocá-lo em relevo – anima a disposição da mensagem, como é o caso no uso que a arte faz da linguagem. Mas esse uso que visa a desviar-se da sua função propriamente linguística de comunicação, em benefício do seu poder expressivo, exige precisamente que seja dado, ou devolvido, às palavras, o seu potencial simbólico; que a substância linguística seja, por arranjos especiais, sobrecarregada de valor sensível".

10 "Roman Jakobson toma emprestado esse termo de Jespersen para designar essas palavras do código que só adquirem sentido das coordenadas (atribuição, datação, lugar de emissão) da mensagem", Jacques Lacan, "D'une question préliminaire à tout traitement possible de la psychose". In *Écrits*, Éditions du Seuil, 1966, p. 535, nota 1.

constrói de acordo com a sua participação na cena primitiva, fonte de angústia.

Ao aproximar dois significantes presentes no discurso manifesto – entre os quais uma analogia, perceptível apenas ao interlocutor, estabelece a correspondência –, a interpretação faz surgir um terceiro termo do qual o discurso latente tirava a significação. Os significantes "o outro", "o homem cheio de seiva" são duas metáforas de uma mesma significação inconsciente: o pai da cena primitiva. Duas metáforas, as quais conservam, dessa representação, apenas uma parte da ambivalência emocional do autor: a imagem do "homem cheio de seiva" preserva, em sua efervescência e em sua idolatria, o amor ao pai; a neutralidade e o anonimato do *shifter*, "o outro", assume a sua rejeição.

A figura do pai está ausente no universo poético de Baudelaire. O "leitor hipócrita" – ao qual, não sem ironia, *As flores do mal* se dirige – é um dos raros momentos em que o recalcado pode retornar. Em uma identificação melancólica, o autor, que dirige seu canto a este objeto perdido, por uma participação inconsciente de sua dor, a "nobreza única" do poeta, faz com que o leitor se inscreva no lugar desse "outro" e se abra para a emoção provocada pela atualidade infinita do poema. Ele encarna sua presença. A interpretação evocada pelos enigmas do discurso poético e pela "circulação" dos objetos do desejo e da memória afligindo o seu canto coincide com o reconhecimento dessa empatia. É o que reencontraremos, no tratamento analítico, naquilo que designamos como transferência.

***

O leitor que tiver objetado ao caráter tendencioso dessa minha interpretação do poema tem razão, pelo menos quanto ao que diz respeito ao conteúdo. O material sobre o qual ela repousa é aquele que me é imediatamente acessível: a minha teoria – da qual reconheço

86 PERDER O QUE SE AMA, AMAR O QUE SE PERDEU

fazer um uso não científico porque a restituo ao seu *mythos*.[11] Essa teoria é parte constitutiva de meu idioma e é a título disso que ela foi ativada, quando a minha leitura – afastando-se do discurso manifesto – se aproxima da fonte inconsciente da inspiração poética, assegurando assim uma representação indireta, análoga à realizada pelo que Jean Laplanche denominou "significante enigmático". Não é a partir de um *saber* que, em meu discurso interno, "árvore" me aparece como a mãe com a qual o homem se abraça; e "o outro", o pai inspirador da infelicidade. É por uma *transferência* que converte a língua estrangeira do inconsciente naquela que lhe é espacial e cronologicamente a mais próxima, o idioma pessoal.

Essa conversão não visa à nomeação da coisa inconsciente nem a sua comunicação. Sua função é articular aquilo que, do idioma do poeta, penetra na "língua sublime" como significante enigmático, ao outro idioma que constitui o meu discurso interno, iniciando assim algo comum e oferecendo novas vias ao deslocamento das representações. Estas podem, daí em diante, deslizar ao longo de uma cadeia de significantes, juntando dois discursos, e acessar a camada pré-consciente de duas falas, agarrando-se à limitação da pura subjetividade.

Há aí a maior analogia com a transformação que a interpretação produz – e revela – na economia do discurso interno do analista e associativo do analisando. Essa foi a razão do desvio pela análise literária: o caminho que a interpretação segue fica aqui mais visível; temos que nos ater a fragmentos minúsculos – e um tanto quanto já perlaborados – do enigma inconsciente, ao passo que, no tratamento, a urgência da vida, a massa de afetos

---

11 Pierre Fédida, "L'oubli du meurtre dans la psychanalyse". In *Le site de l'étranger*, Presses Universitaires de France, 1995.

e representações, tira frequentemente do analista toda e qualquer possibilidade de sobrepujar o acontecimento interpretativo.

Poetas e analistas perseguem objetivos diferentes: aos primeiros, "a obra"; aos segundos, "a loucura" – segundo a bela expressão de Philippe Lacoue-Labarthe e Jean-Luc Nancy.[12] Ao mesmo tempo, seus métodos divergem: onde o poeta forja, com sua palavra, a beleza que dá vida à sua paixão, o analista, pela interpretação, dissolve a paixão que funda a doença psíquica e dilacera o destino humano, entre as incertezas de Eros[13] e a atração melancólica da morte. Uma exigência comum, no entanto, os aproxima: manter o discurso o mais próximo possível do lugar em que o ser surge numa língua; e seu corolário: reconhecer, no discurso enunciado, o desenrolar subjetivo da língua nativa, a partir do que a denomina e que é, para o poeta, o desconhecido e, para o analista, o inconsciente.

Convergência e distanciamento do trabalho analítico e do trabalho literário: convergência quanto à função que o significante assegura no desvendamento da memória inconsciente da qual a palavra tira a sua inspiração; distanciamento quanto ao papel do afeto na economia da palavra e na transformação que a interpretação lhe provoca. A teoria literária "ignora" o afeto, pois é da natureza da obra distanciar-se de seu autor e adquirir, com a sua publicação, uma existência autônoma. Na experiência analítica, ao contrário, o curso da enunciação aponta para os meandros das relações de objeto, a ponto de não mais permitir dissociar "o objeto ao qual se fala" do "objeto do qual se fala"; o afeto subjacente à transferência exige uma conceitualização específica. Além do mais, o manejo da interpretação está a seu serviço: longe de se reduzir a uma atribuição de sen-

---

12 Philippe Lacoue-Labarthe e Jean-Luc Nancy, *L'absolu littéraire*, Éditions du Seuil, 1978.

13 Para retomar o título de um livro de François Gantheret. [*Incertitude d'Eros*, Gallimard, 1984. [N.T.]]

tido, a interpretação surge num momento preciso no qual, tendo sido abandonada uma posição objetal arcaica, o afeto que a ela estava ligado é levado a se des-sexualizar, deslocando-se para um objeto substitutivo. A interpretação é uma ferramenta da "renúncia".

O conceito de *Verzichtung*, de renúncia, é onipresente na obra freudiana. Ele designa o processo, marcado pela perda e pela dor, pelo qual o sujeito se agarra à sexualidade infantil, à sua tendência a manter atual a memória do passado e a entravar o acesso ao princípio de realidade e a ordem simbólica. A interpretação, para o método analítico, mantém-se submetida a este objetivo psicoterapêutico: desatar a estrutura do aparelho psíquico e influenciar de outra maneira a sua economia.

A lacuna entre interpretação literária e interpretação analítica impõe a seguinte questão: será que o afeto é consubstancial à palavra, cujo desdobramento o seu objeto convoca e encarna, e que se reduz ao silêncio quando se rompe o vínculo com este? Também ele se dissiparia na obra literária consumada, por mais atual que esta fosse, a menos que um leitor o ressuscite nele mesmo, insuflando suas próprias emoções: o afeto exige, para se manifestar, a presença do outro; a ameaça aí contida de sua perda é uma presença "pática", já que selada com a representação da morte. Um conflito opõe o desejo, que vivifica a palavra em direção ao objeto com o risco da perda, e o encolher-se melancólico exaltador do silêncio que abole toda distância do eu ao objeto – e, portanto, toda ameaça. É desse conflito que nascerá precisamente o afeto. O analista escuta vibrar o afeto na incessante decomposição que o silêncio provoca na palavra. Os poetas, para designar essa emoção misteriosa que tensiona a palavra, que faz com que ela cante, usam outra palavra: enigma.[14]

---

14 "Enigma é o que decorre puramente", escreve Hölderlin em *O Reno*; o verso que se segue evoca esse laço entre o enigma e o canto "Mesmo o canto pode muito pouco desvelá-lo". In *Anthologie bilingue de la poésie allemande*, Gallimard, "Bibliothèque de la Pléiade", 1993, p. 493.

***

O que emana, tanto da experiência analítica como da poética, essas produções fantasísticas que distendem a língua tornando-se o seu representante e o seu substituto, Paul Celan chama de *Singbarer Rest*, condensação admirável, cuja tradução não teria como lhe fazer jus: "um resto (de memória) oferecendo seu canto (à palavra)".[15] Essa fórmula esclarece a via segundo a qual, em certas circunstâncias, a língua se reanima e o discurso se estende: pela excitação de um sistema linguístico – o pré-consciente –, por fragmentos oriundos de um sistema regido por outras leis, comandado por outra economia, que identificamos como *"isso"*, inconsciente ou processos primários.

O canto qualifica esta disposição da linguagem de maneira a fazer convergirem, adequadamente, a representação e o afeto, a figura e sua energia, o sentido e sua emoção. É ele que escutamos na fala associativa; é ele que nos emociona na fala poética. Ele diz e conecta, em sua emergência, a representação inconsciente e a pulsão que a ela está associada; e o que faz brotar na língua, e passar de um estado desconhecido ou reprimido, ao estado de conceito por mediação do enigma. A temporalidade da interpretação inclui o "tempo do enigma", que assinala o despertar da curiosidade e a aurora da consciência, um tempo no curso do qual a substância do discurso se desloca da repressão e se abre ao encantamento.

A gênese da escrita poética é provavelmente análoga àquela de certas formações psíquicas, especialmente do sonho. Com o "homem dos lobos", Freud nos mostrou como o processo que leva à sua formação inclui um deslocamento de restos diurnos de natureza semântica para as zonas do aparelho anímico que não pertencem ao campo psíquico. Também os pensamentos, por si mesmos

---

15 Philippe Lacoue-Labarthe, *La poésie comme expérience*, Christian Bourgois, 1997, p. 35.

insignificantes, que animam o sujeito antes de seu adormecimento podem, pós-transformação, fazer uso dos traços mnêmicos de acontecimentos traumáticos que datam de épocas quando a criança, por falta de uma fala que lhe fosse própria, não poderia vir a ter uma experiência subjetiva, nem tampouco elaborá-la. Graças à suspensão do recalque, uma parte do material mnêmico inconsciente encontra um caminho e uma voz no tecido psíquico e aí se representa. Aquilo de que fala Freud nesse lugar preciso – esse processo do sonho em embate com a memória inconsciente que ele instala numa cena psíquica e num sistema discursivo – é *a experiência do sonho*, análoga à *experiência poética*, de onde nasce o poema. E esses traços mnêmicos que, ulteriormente, compelem ao relato podem ser chamados, como fez Celan, de *singbar*, promotores de cantos.

***

Experiência: a do reencontro com os objetos de desejo, em sua chamada à vida, como é o caso do filho morto para o pai sonhador da "criança que está queimando". Mas, enquanto a inspiração poética se satisfaz com a "evocação" dos objetos de sua memória, na experiência transferencial, o que ocorre é a "encarnação" dos objetos, aqueles a que algumas instâncias psíquicas não renunciaram. É essa repetição que está na origem da ligação que o analisando experimenta com o analista, do medo e da dor que ele concorda em sentir a fim de desfazer a falsa ligação da memória com a atualidade, submetendo-se ao princípio de realidade.

De onde vem a dor? Do reconhecimento de que o objeto perdido está irremediavelmente perdido, de que ele está marcado pelo sinal da morte. A dor supõe um eu forte que resista a essa percepção que, paradoxalmente, é aí reforçada ao preço de uma compensação que poderia ser o "prazer estético". Essa ocorrência pertence também tanto à experiência analítica como à experiência poética.

Walter Benjamim chama a atenção sobre estes versos de Baudelaire, perturbadores porque ele integra à sua prosódia o significante da perda:

A primavera adorável perdeu seu odor.[16]

A interpretação é esse momento em que o sujeito alcança o que Melanie Klein denominou de "posição depressiva" e que consiste num remanejamento do eu em sua relação com os objetos sob o signo do distanciamento. A aceitação da ausência é a condição do progresso psíquico, que não tem nada de espontâneo, mas que resulta de uma artimanha que faz a limitação melancólica fracassar.

De onde vem o assombro? Do reconhecimento de que esse objeto, perdido para as instâncias submetidas ao princípio de realidade, não está perdido para outras que permaneceram ligadas ao princípio de prazer; o reconhecimento de que aquilo que está, "na realidade", morto para um sistema, não está, "na fantasia", morto para outro sistema; a percepção de que um abandono muito rápido do objeto significaria uma retirada libidinal e a liberação de angústia. A repetição, a identificação da presença do analista à presença do objeto, essa negação partilhada do luto que certa cumplicidade analítica do analista e do paciente mantém o tempo necessário, vem contrainvestir, conter a ameaça de ser arrasado por essa precária situação psíquica que incide sobre o paciente. O tempo da interpretação, que só vem depois de uma perlaboração psíquica lenta e complexa, fornece ao eu os meios para o seu discernimento. O tempo da interpretação é aquele em que o analista pode reconhecer o seu movimento melancólico de identificação aos objetos internos do paciente; o tempo em que ele recupera a sua liberdade

---

16 Ver Walter Benjamin, "Sur quelques thèmes baudelairiens". In *Œuvres*, III, Coll. "Folio", Gallimard, 2000, p. 375.

de fala e notifica aquele que ele escuta de que o investimento feito em sua análise não é outra coisa a não ser a recuperação do vínculo que o ligava a um objeto do passado. O tempo no qual o analista restabelece a fala em sua função mais assustadora e mais dolorosa – mas também a mais nobre – de significar a ausência.

A interpretação é a fala analítica por excelência. Ela expressa, de um lugar que não pertence a ninguém, a ausência que produz o levantamento da amnésia infantil. Ela é a única palavra compatível com a *Versagung* freudiana, a regra da abstinência. Ela não dá nada, ela tira. Ela é uma fala luciferiana que "quer sempre o mal, e faz sempre o bem".

II
IMAGEM

II

IMAGEM

5. Falar, renunciar

Antes de ser aquele que fala, o homem é um vidente. Uma relação de continuidade articula essas duas atividades do espírito, a visão e a fala, assim como uma relação de causalidade: é preciso imperativamente recorrer à fala porque um dom da vidência ameaça entravar o acesso do homem ao mundo. Essas fórmulas não pretendem uma aproximação científica: são pensamentos selvagens aos quais se prender antes de se defrontar com o enigma da palavra, que o poeta chama de:

> *O espírito da noite,*
>
> *O assaltante do céu, falador que devorou*
>
> *O nosso país de línguas várias, indomáveis...*[1]

e, que ele situa como uma necessidade à qual a vida psíquica não pode escapar, a não ser colocando em jogo estratégias patológicas poderosas e custosas. Com efeito, não é o "dom das línguas" que o

---

1 Friedrich Hölderlin, "Le plus proche, le mieux". In *Anthologie bilingue de la poésie allemande*, Gallimard, "Bibliothèque de la Pléiade", 1993, p. 529.

96 FALAR, RENUNCIAR

poema evoca, e sim um problema que o aparecimento da linguagem lança sobre a inocência do espírito.

Em uma perspectiva psicanalítica, a palavra definida pela abstração, por suas produções e arbitrariedades de sinais, é o que substitui uma atividade mental caracterizada, por sua vez, pela imediatez das experiências e pela *mimesis* "harmoniosa" ligando os signos que ela produz às "coisas" que a animam.

O espaço psíquico tem uma profundidade e uma superfície. Conforme o que se desfralda aqui ou acolá, a psique trata os mesmos conteúdos, mas não lhes outorga as mesmas formas. Para ter acesso à superfície (e não apenas à consciência), para experimentar a sua reivindicação (pulsional) à exigência da realidade (externa), é necessário que a representação, oriunda das profundezas, sofra uma mutação na qual o significante linguístico, que dá à palavra o seu arcabouço, surja só na última etapa. É recomendado que nos representemos as representações mentais tendo de efetuar, ou de sofrer, essa paradoxal travessia do espaço psíquico, na continuidade de seus conteúdos ideacionais e na descontinuidade das organizações formais.

Reencontramos, nessa abordagem psicanalítica da fala, o mesmo obstáculo com o qual Freud se chocou na exploração do psiquismo, diante do conflito que opõe, sem conciliação possível, a lógica do pré-consciente e a irracionalidade pulsional do inconsciente. É difícil de delimitar, complicada de pensar, a lacuna que separa, de um lado, a perfeita identidade de conteúdo e, do outro, a evidente ruptura formal entre a "representação de coisa", que constitui a substância do inconsciente, e a "representação de palavra", que a fala vem ativar no discurso.

Cumpre ao homem falar para poder conseguir se desprender do dom de vidência que lhe calhou como um destino. De sua origem, não sabemos nada. Só se impõe a nós a realidade de sua estranheza. A visão nos foi perfeitamente familiar, em um momento de nossa existência, e continua a sê-lo nos estados mais profundos de nossa vida mental. O *phantasieren*, o "fantasiar", é uma atividade de representação que realiza os desejos mais secretos, encenando as *imago* mais primitivas. Mas ela só se desfralda – e é por isso que continua logicamente inapreensível para nós – numa penumbra particular que sabem "criar", cada um à sua maneira, o jogo, o sonho, o devaneio, a manifestação somática e, quiçá também, a realização estética.

A vidência não se refere à qualidade do visual. O *phantasieren* permanece estranho à categoria da percepção, mesmo se o "algo material" – para retomar essa expressão de Freud – que porta sua visão obtém a sua fonte da memória perceptiva. O homem é vidente no sentido em que ele é um *Seher*, "um visionário", como se disse de Hölderlin; no sentido em que ele vê para além do que existe, "aquilo que insiste". O que se tornou invisível, no sentido muito preciso daquilo que lá esteve, por um tempo, presente, precioso, investido pelo ser como um objeto do desejo, imanente a sua própria vida, de repente desapareceu. Eu chamo de vidência aquela faculdade da psique de transformar no seu contrário o fato do desaparecimento do objeto, de fazer com ele "reapareça".

Deixemos de lado as causas dessa desaparição, a perda efetiva do objeto ou o seu repúdio exigido pelo desenvolvimento psíquico e pelo princípio de realidade. Pelo poder visionário que lhe calha como destino, o homem resolve o desamparo no qual o atira uma inscrição imediata no espaço das relações de objeto e faz face, por isso mesmo, à sua precariedade e à sua instabilidade. Podemos chamar isso de "dom", no sentido daquilo em que se parece com o que Freud designava como *Hilflosigkeit*, esse "desamparo" originário do ser humano. Mais que o oposto do invisível, a vidência é a "conjuração": a conjuração pela imagem – seja ela plástica, sonora ou gestual – da "dor" moral.

98 FALAR, RENUNCIAR

Phantasieren consiste menos em ver do que em fazer com que se mostre, fazer com que "apareça" aquilo que desapareceu. E por isso ela é da ordem da magia, essa palavra cuja identidade anagramática com a imagem foi lembrada, dentre outros, por Jean-François Lyotard.[2] De modo que, em sua realização, a natureza do material – encarnando a aparição e a revivescência de um vínculo perdido – importa menos do que o valor da presença e da significação "objetal" com a qual o desejo, sustentando a vidência, o investe. Em sua etimologia, a palavra "fantasia" vem do grego *phanein* – fazer ver, fazer aparecer, brilhar –, do qual derivam também as palavras "farol", "fantasma", "epifania" e até mesmo "fenômeno"... A vidência, um clarão na noite da ausência.

Apesar de sua aura, ela depende de um automatismo psíquico. Ela é efeito de um princípio homeostático que comanda todo o aparelho anímico, mas mais rigorosamente aquilo que compete ao eu e à sua organização. Sua produção é ativada assim que a frustração entrava o desejo em sua "revindicação pulsional" – o que Freud designava como *Triebanspruch*. Somos sensíveis à presença nessa palavra do radical *sprechen*, "falar". A vidência é tolerada pelo eu desde que possa, por clivagem, coexistir com a sua adesão às "exigências da realidade", *Realitäteinspruch* – em que também encontramos o mesmo radical *sprechen*.[3] Ela é tolerada pelo eu porque traz apaziguamento e consolação às massas pulsionais, que assim podem relaxar parte da pressão que exercem sobre a sua organização. Talvez ela mesma seja um pouco mais que tolerada: ela exerceria sobre essa instância uma fascinação, pelo caráter capcioso – *kniffige*, diz Freud[4] – que se deve ao seu poder de realizar o desejo de forma imediata, quase mágica, e à formidável economia de meios realizada por esse curto-circuito absoluto da satisfação.

---

2 Jean-François Lyotard, *Discours, figure*, Klincksiek, 1978.
3 "Le clivage du moi dans les processus de défense". In *Résultats, idées, problèmes*, 2, Presses Universitaires de France, 1985, p. 284.
4 Ibid, p. 286.

Para o pensamento lógico que ordena a atividade discursiva, o caráter clandestino e invasivo dessa atividade alucinatória é objeto de uma recusa em ver (que acrescentará ainda mais ênfase a essa estranha dialética do invisível e da visão). Mas sua realidade, para aquele que sabe o que se tece sob as palavras cada vez em que elas se enunciam perto do ser, e em que se consagram à expressão das profundezas do mundo interior, não tem nada de enigmático.

Seria enigmático o fato de que cumpre ao sujeito humano renunciar. "Cumpre [ao homem] que ele fale." O alcance dessa fórmula não é "prescritivo"; ela remete não a uma lei, mas a uma exigência de natureza econômica. A palavra produz o mesmo automatismo psíquico que a alucinação; ela assegura, na superfície do aparelho, a mesma função homeostática que a vidência produz num nível mais profundo. O enigma reside principalmente no "como": como a psique renuncia a uma atividade tão decisiva e também fascinante? A fórmula proposta como *incipit* parece trazer a resposta: pela fala. Não é assim que entendemos, é claro; seria ir depressa demais, longe demais. O que essa fórmula quer dizer é simplesmente que o nascimento da palavra no ser humano – se examinarmos do lado da sua necessidade e não pelo seu ângulo místico de uma "revelação" – continua enigmático. Tão enigmático como a renúncia pela qual o mesmo sujeito abandona uma atividade representativa que lhe assegura a conservação de uma atividade sexual infantil, a primeira, e de seus objetos, para substituí-la, à custa de certa dor, por uma atividade perceptiva, voltada para o mundo e para os objetos da realidade.

As duas atividades psíquicas, da fala e da renúncia, têm então, em comum, um mesmo material, o enigma, que convém ao espírito assim como ao poema – "*os líquens do sol e as excreções do anil*".[5] Frente a essa estranheza, dois pensamentos nos assaltam. O

---

5   Trecho de "O barco ébrio", de Rimbaud. [N.T.]

primeiro formula-se assim: a fala nasce no lugar da renúncia, efetivada pelo espírito, da sua atividade representativa visionária. Ela é uma "formação psíquica" comum e o "signo" de que o espírito se abre para o mundo. O segundo: a língua é uma instância simbólica, exterior ao sujeito; ela se impõe ao espírito e o força a sublimar suas formações de desejo numa atividade de fala. Aí estão as hipóteses que não podemos excluir de imediato, devido ao fato de que não podemos nos proibir de pensá-las. Estas continuam, no entanto, suspeitas, demasiado marcadas por uma lógica do "bom senso". Isso seria banalizar o enigma, substituindo-o por uma indecisão.

É da natureza do enigma, sem dúvida, não ser resolvido. Ele é uma forma de eventualidade psíquica, um espinho na sola do pensamento que o "pressiona" à transformação, ou seja, à sua revolução, com uma incessante reinterrogação: o que é falar? O que é renunciar? Por exemplo, qual acontecimento se produz quando, numa entrevista ou num tratamento, um paciente diz o primeiro nome de sua mãe – que anteriormente ele calava – ou quando, depois de contar um sonho, reconhece uma associação num detalhe do sonho, um fragmento de sua história infantil até então desconhecida? Um acontecimento se produziu manifestamente na interface da comunicação a um outro, um *Nebenmensch* – para retomar essa palavra de Freud –, e a dinâmica intrassubjetiva do sujeito que fala. Em sua fulgurância, ele abalou a barreira do recalcamento e seu efeito se "cristalizou" na fala, pelo acréscimo de uma palavra ou de uma frase no discurso. E ainda: um paciente fala ao obscuro interlocutor situado atrás dele, do qual ignora quem, ao seu ver, ele representa. Depois de dizer "Minha mãe não queria que eu e minha irmã tivéssemos filhos" e, depois de certo silêncio – que dá tempo para a representação inconsciente emergir à superfície do psíquico –, ele compreende o caráter edípico desse desejo. Do que esse locutor se desprende, então, no tesouro de suas fantasias infantis?

Falar, renunciar são, indistintamente, a "matéria" do pensamento consciente, colmatando a nossa aspiração contraditória de ser tanto aquilo que somos quanto aquilo que o mundo nos prescreve ser. E, como brotamento do espírito, falar e renunciar são os princípios que, *in fine*, qualificariam da melhor forma o "pensar". Desse ângulo, o pensamento aparece menos como uma "produção" psíquica, definida por um conteúdo positivo, do que como um movimento do aparelho anímico: aos moldes de um sismo, ele decompõe certa organização de representações para recompô-la de outra forma num outro nível, dando-lhe uma forma que não se reduz a ser apenas um continente, mas concorre para a "transubstanciação" do seu conteúdo... E, dizendo isso, nos juntamos à intuição do poeta que foi mais longe nessas experiências da visão, da fala e do silêncio – Hölderlin –, afirmando que o "enigma é o que decorre puramente".

Um jogo de representações, de "imagens" sonoras, plásticas ou cenestésicas, que anima uma paixão secreta, desenvolve-se incessantemente nas profundezas da alma e por vezes surge abertamente – como no sonho, por exemplo. É necessário, então, que toda a atenção seja retirada da superfície psíquica, e que tenha sido suspendida a atividade de linguagem orientada, no estado de vigília, para a percepção apenas dos dados do mundo exterior. Esse *phantasieren* tem a dignidade de um pensamento, mesmo que seja um ato, o ato psíquico por excelência. Pois o que ele realiza de satisfação de desejo, de reencontro com o objeto de amor, inscreve-se simultaneamente num sistema de signos, pelo qual o inconsciente se dirige ao eu e o informa da realidade e de sua natureza.

O efeito de comunicação de uma instância com outra anima essa experiência e a erige como expressão. Que a presença – em recuo – de um interlocutor imparcial, benevolente, seja necessária para começar esse pequeno deslocamento da "experiência" como "expressão" é, sem dúvida, tão necessário como a presença de uma mãe terna e apagada o é para o bebê, para que ele desenvolva

102 FALAR, RENUNCIAR

uma atividade autoerótica. O ato que aí se manifesta mostra o signo de sua intenção; adquire, face ao seu respondente (si mesmo ou outro), um valor, um sentido. Encontraremos, ao examinar o pensamento consciente, em proporção inversa, a mesma combinação – que é possível desfazer só até certo ponto – daquilo que é seu estatuto de "ato" com aquilo que é seu estatuto de "signo". Nessa perspectiva, "pensar" seria sempre "fazer alguma coisa e sinalizar aquilo que pensar faz".

Mas por essa prevalência do ato sobre o signo, o pensamento inconsciente só deve chegar de forma desviada e falha à expressividade que se reduz, ali, a uma "semiótica". Seus significantes são icônicos, são pouco distintos dos objetos que representam; sua sintaxe é elementar, em conformidade com a parcialidade da pulsão que a dirige. O pensamento inconsciente não diz senão aquilo que ele faz, numa medida maciça de sua ação. Freud é categórico sobre esse ponto. A fim de estabelecer uma correspondência entre o que chama de "linguagem das moções pulsionais mais antigas" e nossa língua comum, ele traduz a semiótica da oralidade nos seguintes termos: "Isso eu quero comer, ou então eu quero cuspir"; ou "Isso eu quero introduzir em mim e aquilo eu quero excluir de mim"; ou ainda "Isso deve estar em mim, ou então fora de mim".[6]

O pensamento inconsciente se institui como uma semiologia pelo uso de figuras "espetaculares" que se dão a ver e pela realização de atos sem equívoco que se dão a ser experimentados. Temos o direito de reconstruir o "devaneio" próprio à sexualidade oral como um quadro no qual uma boca se liga a um seio (ou a um pênis) pelo sugar (ou vomitar). Outra ilustração da expressividade idiomática da fantasia é dada pela figura "apanhar do pai" – declinação supersexualizada do desejo de "ser amado por ele". Dessa etapa ou fase da fantasia, Freud precisa que, "em um certo sentido, ela nunca teve

---

6 Sigmund Freud, "La negation". In *Résultats, idées, problèmes*, 2, Presses Universitaires de France, 1985, p. 137.

uma existência real; não é, em nenhum caso, rememorada; nunca manteve seu conteúdo até este se tornar consciente; é, na verdade, uma construção do analista – mas nem por isso menos necessária".[7] A passagem da representação icônica própria do "idioma" do inconsciente ao significante da "língua" não é da ordem de uma tradução. É da ordem de uma transferência, que nos leva a seguir os deslocamentos e as transubstanciações que as tentativas sofrem no espaço psíquico. Pois o pensamento inconsciente – que, no estado nascente da fantasia, ordena-se em torno de duas figuras (do pai e do sexo feminino) e de um ato (a palmada) – dá lugar, para a menina, em primeiro plano, a uma "visão", da qual as ficções que ela constrói a distanciam parcialmente. Assim como deu lugar – para Freud, que descobriu e descreveu essa atividade fantasística – a uma "visão" análoga. A visão, partilhada com sua paciente, alimentou a construção pela qual ele se defendera...

A atividade visionária, pela qual a vida inconsciente se exprime, mantém as mais diretas relações com as construções que o analista constrói incessantemente enquanto escuta seus pacientes. A vidência do *phantasieren* encontrou um eco longínquo na mais sofisticada edificação teórica. Talvez não tenhamos prestado atenção suficiente ao papel da contribuição semiótica do pensamento inconsciente na instalação do fenômeno da empatia, que Freud qualificava como "essa inferência feita *per analogiam*, para tornar compreensível o comportamento desse outro homem, apoiando-se na percepção do que ele diz ou faz".[8] Recorramos a alguns exemplos concretos.

Esse paciente redescobre, depois de muitos anos de análise, a existência de um avô materno. Ele havia desaparecido do seu horizonte mental, de acordo com o fato de que, desde antes da sua

---

7 Sigmund Freud, "Un enfant est battu". In *Résultats, idées, problèmes*, 2, Presses Universitaires de France, 1985, p. 225.
8 Sigmund Freud, "L'inconscient". In *Métapsychologie*, Gallimard, 1968, p. 70.

104 FALAR, RENUNCIAR

morte, o discurso familiar já havia apagado a sua memória. O homem idoso vivia numa casa isolada, monopolizado por sua paixão pela "bricolagem". Voltam ao paciente as lembranças das estadas passadas na casa dele, da sua surpresa misturada com assombro diante desse "excêntrico", e da sua admiração diante das cabanas cheias de ferramentas que lhe eram proibidas. A essa redescoberta misturase, pouco a pouco, outra: sua mãe, numa certa época da vida – ele era muito pequeno – dedicava-se, de tempos em tempos, a "bricolar" com ardor, coisa de que ele não gostava porque, nesses momentos, sentia que ela ficava particularmente ausente, como se "virasse outra pessoa". Eu disse a ele que, "sem dúvida, ele estava pensando nesse avô quando via a mãe, bricolando, virar outra pessoa". Ele completou essa interpretação com uma pequena rememoração: o que a fazia outra pessoa era a postura que ela adotava, de velha, bem como o andar manco – que era precisamente o do avô.

Como a criança do conto de Andersen[9] que, sozinha, discerne debaixo dos trajes novos "a nudez do imperador", a criança que esse adulto foi, sem ter ainda como pensar, reconheceu nessa espécie de "transe" da vida doméstica a experiência fantasística à qual sua mãe se entregava, identificando-se melancolicamente a esse pai já desaparecido. E nessa visão partilhada com ela, de um sofrimento feminino singular, pareceu-nos que se enraizava a intensa ligação passional que ele tinha com ela.

Um dom de vidência é atribuído à criança, ao qual o adulto, por se inscrever plenamente na realidade do mundo, renuncia parcialmente. Em outra situação, a analisanda havia perdido sua mãe no curso da análise. Eu não pude negligenciar, ao escutá-la, o fato de que, expondo a imensa dor que vivia, ela a associava regularmente à sua filha bem pequena, que não parava de chamar pela avó. Bem na

---

9 Hans Christian Andersen, "Les Habits neufs de l'empereur". In *Contes*, de Régis Boyer (Ed.), Coll. "Folio", Gallimard, 1994, p. 87.

manhã do dia do aniversário da morte da avó, a pequena, com quatro anos, muniu-se de uma bengala desde o momento em que acordou e, durante o dia, ficou caminhando com a ajuda desta. A paciente pensou, sem dizer nada, que sua mãe, nos últimos anos de vida, andava mesmo com uma bengala. Na noite seguinte, a paciente sonhou com uma espada, na qual reconheceu naturalmente a famosa bengala. Ela pôde então formular claramente aquilo que, de sua filha a ela, surgia como uma denegação comum do luto pela querida mãe, por uma visão partilhada da reencarnação de sua pessoa.

O pensamento inconsciente organiza-se aqui, teatralmente, como um jogo em que o diretor de cena permanece inalcançável. Foi a criança que mandou uma mensagem para a mãe? Foi a mãe que, reencontrando na postura adotada pela filha o reflexo de sua própria dor, iniciou, por empatia, essa troca de inconsciente para inconsciente? Não temos como responder a essas perguntas. Mas notemos que duas características fornecem a essa semiótica o essencial de sua contribuição expressiva: o endereçamento a um objeto eleito, convocado a se reconhecer nele, e sua dimensão de oferenda. O consolo que a menina tenta trazer para a mãe, nesse momento solene, é recebido por esta como um dom de amor. A semiótica inconsciente ganha sua especificidade do fato de que suas figuras significantes estão na mais estreita *mimesis* com os objetos que representam, e também do fato de que a sintaxe que articula os significantes é apenas a libido, uma libido original que não sofreu ainda, para aparecer como signo, nenhuma dessexualização. "Eu, sua filha com uma bengala, sou sua mãe que te ama": assim se exprime a criança, assim entende a mãe.

Uma transformação libidinal é necessária na passagem da semiótica inconsciente para a semiótica do discurso. A pulsão sexual que satura o pensamento inconsciente não se opõe a sua expressividade. Simplesmente ela a rebate em direção a um interlocutor amado, excluindo todos os outros. Em seu pensamento consciente, a pulsão colabora também com a ligação de semantemas com certo fraseado e

106 FALAR, RENUNCIAR

a articulação de tropos numa direção afetiva. Porém, para que a fala não se encerre ciosamente sobre um só amado e se abra para toda a comunidade de homens, ela tem de sofrer transformações múltiplas e profundas. Essas transformações que testemunhamos na análise e que o conceito enigmático de sublimação pretende designar continuam fundamentalmente misteriosas para nós.

> *Havia medo do misterioso que se abriga na sombra; dos poderes malignos que parecem espreitar a vida; do grunhir dos monstros que todo cérebro de criança carrega em si com horror e mistura a tudo o que vê: restos derradeiros, sem dúvida, de uma fauna desaparecida, das alucinações dos primeiros dias próximos ao nada...*

Nessas linhas, emprestadas do romance *Jean-Christophe*, mensura-se que proximidade, curiosa e inquieta, com as profundezas da alma infantil unia Romain Rolland e Freud. Uma atividade visionária intensa define a criança, à qual o adulto deve renunciar para se submeter ao mundo e a sua realidade.

Cabe ao analista reinvestir essa "faculdade" infantil para se colocar em fase com aquilo que a transferência reatualiza das experiências sexuais precoces, determinando a neurose do analisando. Dependendo dos momentos do tratamento, é necessário renunciar à atividade da fala e se empenhar na "presença" da identificação na fantasística do analisando, como ilustra o caso seguinte.

> *Trata-se de uma análise fluida e gratificante para os dois parceiros. Somente num momento tardio de seu desenrolar produziu-se uma pequena tempestade: a paciente ficou completamente silenciosa por várias sessões. Depois faltou a várias. Foi-me difícil excluir a ideia de que este tratamento iria se interromper por*

razões que, embora me fossem misteriosas, não me inquietavam. A analisanda, em seu retorno ao tratamento e à sua fala, afirmou que um forte desejo de parar o trabalho a tinha, com efeito, atormentado. Em seguida, produziu-se de novo um momento fecundo – a paciente descobrindo que, na relação conflitiva que mantinha com o pai, um espectro, o da mãe morta, tinha um papel essencial. E descobrindo também que, se dissessem para ela, agora, que a mãe dela iria voltar, isso seria muitíssimo desagradável, pois estava se organizando sem ela... O fragmento de sessão que quero relatar situa-se logo depois. Ela conta dois sonhos: num ela se empanturra com um xarope espesso que o pai lhe oferece, no que ela reconhece o sinal manifesto de sua bulimia neurótica; no outro, reconcilia-se com um casal de vizinhos rabugentos e bebe um aperitivo com eles. A repetição do significante "beber" assinala que, na fronteira entre o inconsciente e o pré-consciente, uma junção se dá entre a representação de coisa e a representação de palavra. "É a mesma ideia de beber que está nos dois sonhos", digo-lhe. A interpretação a desagrada abertamente e a deixa de mau humor. Ela protesta que beber um aperitivo não se refere especialmente a beber, é mais uma forma de laço de amizade que ela gosta de privilegiar. Depois mergulha num profundo e longo silêncio, no fim do qual me diz que "tenho mesmo razão", pois um sonho que ela teve muito tempo atrás lhe retornou à memória assim que lhe falei: "estávamos, ela e eu, num bar ou num clube; uma lâmpada estroboscópica emitia uma luz azul, sensual; estávamos bebendo coquetéis de um azul análogo.

108 FALAR, RENUNCIAR

Nessa sessão, não faremos mais nada em relação a esse sonho, nada além de, para ela, enunciá-lo; e, para mim, escutá-lo e relacionar seu conteúdo com as turbulências que havíamos atravessado recentemente: ele devia figurar um dos pensamentos inconscientes que animavam a transferência. Ou, antes mesmo, todo o tempo em que ele havia ficado na penumbra do mutismo, permitia que seu eu visse – apesar das profundezas psíquicas que escapavam ao seu controle – o cenário fantasístico que ligava a analisanda ao analista. Uma fantasia de desejo figurando uma "cena primitiva" encontrava, pelo seu silêncio, na minha presença, uma realização da qual ela se defendia fobicamente, furtando-se a nossos encontros. E agora que certa mudança psíquica a havia obrigado a relatá-lo, ela me permitia vê-lo. Do sonho sonhado ao sonho relatado, a experiência visionária era substituída pela experiência da fala.

Essa experiência visionária, esse gozo fantasístico, protegido sabiamente e dissimulado por uma "estratégia" da fala e do mutismo, não pertencia apenas a ela. Tenho de reconhecer que, por uma certa qualidade da minha presença – mesclando ao desconforto de não compreender e à passividade da espera a confiante certeza de que uma intriga secreta havia se formado e devia ser desfeita –, eu certamente compartilhei disso. Lucien Lévy-Bruhl designou com o termo "participação inconsciente"[10] a estreita empatia que vincula – entre eles mesmos, por um lado; e aos ancestrais, por outro – os membros de uma determinada tribo. Ele viu, nessa solidariedade afetiva e representativa, o próprio espírito da alma primitiva. Eu, de minha parte, qualificaria prontamente como a participação inconsciente esse nível da experiência analítica, o seu ponto "nodal", onde transferência e contratransferência se confundem e onde o analista, graças a certa despersonalização, presta-se

---

10 Lucien Lévy-Bruhl, *L'âme primitive*, Coll. "Quadrige", Presses Universitaires de France, 1963.

o tempo necessário à perlaboração, à encarnação dos objetos perdidos do sujeito analisando.

Essa participação nos é defraudada, necessariamente. Mas aqui um detalhe fornece claramente a sua prova: o azul foi, por muito tempo, a cor predominante do meu consultório, até que, há mais ou menos um ano antes dessa sessão, eu o modificara. A continuidade metonímica – sem equívoco e totalmente "visionária" – do material do sonho e de um resto transferencial fazia necessária uma interpretação. Esta forneceu ao pensamento inconsciente da analisanda a ponte verbal necessária que o figurou num sonho e o fez ser verbalizado para o outro que é o analista. Ora, essa associação que, no momento em que escrevo, "salta-me aos olhos", não aflorou, então, em nenhum outro momento, à minha consciência. Nessa germinação subterrânea do pensamento, para a qual dois espíritos devem necessariamente concorrer, um desejo inconsciente, trazido pela mais violenta nostalgia, prontificou-se à renúncia pelo seu encaminhamento em direção à fala. Depois a retardou, ao se realizar uma última vez, numa atividade onírica comum, numa visão compartilhada.

"Azul" é seguramente, para essa paciente, um significante representativo da perda, que religa, nessa acepção precisa, a situação atual – aquilo que foi a cor do meu consultório e não é mais – com uma situação traumática infantil – a perda de sua mãe. É singular que, para que a transferência se desfraldasse, eu tenha tido de me desapossar – em meu pensamento, bem como em meu discurso – desse significante. Até experimento, ulteriormente, um real desprazer por ter sofrido essa amputação. Mas "azul" é também o significante da sensualidade. Nesse sentido, encontra o seu lugar no discurso consciente da paciente. É provável que "azul" se refira ainda a outras representações mais obscuras. Elas não chegam, por ora, à sua fala, mas já estão inscritas na construção geral que faço da sua situação psíquica: a sua mãe morreu no parto, assim como os gêmeos que ela esperava. O seu pai, pensa ela, ficou sozinho com as filhas, não se recuperou dessas perdas. São então essas circunstâncias particulares que serviram a essa menina, em plena fase edipiana, para que o seu luto adotasse um papel tão fortemente neurótico. E nas associações que a paciente desenvolverá nessa sessão, depois do relato desse sonho, aparecerá – muito claramente e pela primeira vez – a figura do "parteiro", considerado pelo seu pai o assassino de sua mulher.

Neste instante do desenrolar do tratamento, o significante "azul" revela-se polissêmico e as suas diferentes acepções não têm o mesmo estatuto psíquico: algumas nos são conscientes a ambos; outras só o são para mim; uma terceira, referida à ausência, nos é inconsciente a ambos. A homogeneidade desse significante se desfez em estilhaços; ele se decompôs em fragmentos, dos quais alguns se mantêm como formações linguísticas que pertencem, por direito, ao curso da fala. Outros, ao contrário, escapando pelas profundezas do aparelho psíquico, adquirem o estatuto de formações do inconsciente: concorrem para a organização de figuras semióticas necessárias à expressividade da experiência fantasística.

Esses fragmentos do significante linguístico, "satelitizados" no inconsciente, caracterizam-se, dali em diante, por sua mobilidade, por sua aptidão para o deslocamento que define todas as formações inconscientes. Apesar da regressão tópica que os afeta, conservam, no entanto, a sua estrutura linguística. Continuam pertencendo ao espírito da língua, tendo abandonado pontualmente uma parte de sua materialidade – sonora, plástica – em proveito exclusivo da figuração semiótica. Continuam "signos" porque sua inscrição na língua não foi suspensa; tornaram-se, para o desejo inconsciente, a própria "coisa" que o realiza. São o que Freud denominava "mestiços". Manifestam um uso "psíquico" que mantém apenas uma relação solta com o uso "linguístico" ao qual acreditamos que o significante esteja exclusivamente consagrado.

Também devemos concluir que, para que ela seja objeto de uma ativação alucinatória, para que ela invista – pela mediação de um sonho, de um sintoma ou de um jogo – o aparelho perceptivo-motor, para que a representação primitiva chegue à sua visão, a experiência inconsciente deve se associar a um significante satelitizado e se organizar em torno dele. A língua, pela sua regressão psíquica, condiciona a semiótica da expressividade inconsciente.

Em seu estado arcaico – tal como ela se forma em torno dos primeiros desabrochamentos pulsionais e da instauração das relações de objeto precoces, antes que o *infans* tenha se apropriado da linguagem –, a representação inconsciente permaneceria "adormecida". Esta estaria desprovida do poder do *agiren*, não seria ainda uma atividade fantasística. Daí resulta que seria subtraída do funcionamento psíquico uma quantidade mais ou menos considerável de energia, fonte de uma inibição por falta. Seu acesso à atividade e à expressividade da fantasia necessitaria que sua materialidade hipotética (os traços mnêmicos que a psique registra ao mesmo tempo em que os apaga, como num bloco mágico)[11] se combinasse com um significante "deposto" da língua, satelitizado fora da organização fortemente articulada do pré-consciente.

Se essa hipótese se mostrasse fundamentada, não seria todo o inconsciente, mas o "inconsciente recalcado" que deveria ser considerado uma criação do discurso e da sua atividade específica, a fala. O recalcamento repele as representações censuradas pelo eu. Este deve, para tanto, fazer face à energia com a qual elas estão carregadas, "contrainvesti-las". Os aspectos que constituem a linguagem, seus semantemas, fornecem-lhes o meio para esse contrainvestimento.

A ligação de uma representação inconsciente com um significante satélite entrava o seu acesso à enunciação, única operação psíquica em condições de creditar uma representação com a

---

11 Sigmund Freud, "Note sur le 'bloc-notes magique'". In *Résultats, idées, problèmes*, 2, Presses Universitaires de France, 1985.

112 FALAR, RENUNCIAR

qualidade "consciência". Ela, em contrapartida, confere-lhe o acesso à percepção sensorial e à motricidade. É preciso, para a alucinação, um suporte perceptivo, uma matéria sensorial. O significante lhe fornece: "azul", no exemplo citado acima, dá ao sonho o seu espírito e a sua cor, o seu conteúdo e a sua forma. Conjuntamente, ele o erige como uma semiótica visual e gestual.

O recalcamento se esteia na língua, em sua superfície – que utiliza como um invólucro recalcador. Ele opera por meio da fala que, na alternância entre enunciação e silêncio, conduz a sacrificar certos significantes às formações inconscientes. Ele leva, *in fine*, a solidarizar essas duas instâncias, a da língua e a do inconsciente. Do recalque, podemos dizer que ele opera tanto para excluir a representação inconsciente como para incluí-la. Entre a língua e a representação recalcada, institui-se ora uma "relação de negativação" – que se manifesta tanto pela palavra, como uma falta a ser significada, quanto, do lado do inconsciente, como um acréscimo de produção onírica ou de formação psiconeurótica –, ora uma "relação de representação" (que inclui a negação),[12] quando, numa formação de discurso, organizada em torno de um determinado significante e de uma determinada sintaxe, a fantasia de desejo das profundezas é transferida para a superfície psíquica.

Então, a lacuna entre a experiência visionária e a experiência da fala não é tão importante quanto acreditávamos no começo. A alucinação, pela qual a fantasia manifesta o seu poder visionário sobre o aparelho psíquico, não é nem anterior nem alheia à experiência da fala: ela lhe é contígua. Quando falta uma palavra na trama do discurso sobre o qual esta se desenvolve, eis que aparece em seu lugar um movimento depressivo, uma dor ou uma fobia, ou, ainda – quando essa palavra que falta é a do adormecido – um sonho. O estatuto psíquico ao qual essa palavra regrediu instalou uma

---

12 Ver o capítulo "A lei de Lavoisier se aplica à matéria psíquica".

continuidade entre um determinado pensamento inconsciente e o aparelho perceptivo; organizou, como uma percepção vinda do exterior, do mundo, uma representação oriunda de dentro, da psique. André Green mostrou bem a indecisão – em que se encontram certos pacientes ditos "*borderline*" – de discernir entre o que é uma representação real do mundo, um percepto, e o que é da ordem de uma representação interna, de uma formação de desejo.

Nessa perspectiva, o significante satélite testemunha certa complacência dessa instância, tão impessoal, da língua para com a subjetividade, tão íntima, do desejo. Para o melhor e para o pior. A atividade delirante, por exemplo, coloca a sua força nesse processo perceptivo que confunde o que é desejado e aquilo que é olhado ou escutado, segundo a mais estreita identidade e o modo mais "optativo": "Que aquilo que eu vejo seja o que me falta!". O mesmo vale, com apenas um pouco de inspiração e por meio de um procedimento mais trabalhado, para a atividade estética. Escutemos Freud: "O artista [...] encontra a via que leva desse mundo da fantasia à realidade: graças a seus dons particulares, ele dá forma a suas fantasias para torná-las realidades de um novo tipo – correntes do lado dos homens como imagens muito preciosas da realidade".[13]

Dessa continuidade semântica que religa a experiência visionária à experiência da fala, decorre, enfim, a eficácia do método analítico. O que fazemos, quando interpretamos, que seria realmente funcional e nos seria comum, seja qual for o estilo particular com o qual organizamos o nosso trabalho? Trabalhamos para "deslocar" o significante satélite fixado na representação inconsciente e para restaurar seu lugar tanto na hierarquia polissêmica da fala da qual ele saiu, quanto na organização rigorosa do pré-

---

13 Sigmund Freud, "Formulations sur les deux principes du cours des événements psychiques". In *Résultats, idées, problèmes*, 2, Presses Universitaires de France, 1985.

114 FALAR, RENUNCIAR

consciente. A interpretação, quanto a seus efeitos na profundeza psíquica, exerce uma ação fundamentalmente indireta, cujo esboço é a interpretação analógica: ela evoca, no paciente, uma enunciação nova, que inscreve os significantes perdidos da língua subjetiva no holismo do discurso e livra, assim, o aparelho perceptivo-motor da pressão que sobre ele exercem as representações inconscientes ligadas aos significantes-satélites. Ela restaura até a função de controle, de duplo que o sistema pré-consciente realiza normalmente junto ao sistema perceptivo, oferecendo-lhe os meios de discernir o que lhe vem de dentro do que lhe vem de fora do aparelho.

Evocamos, ao começar, o que há de enigmático na presença do radical *sprechen*, "falar", nos conceitos freudianos de *Anspruch*, "reivindicação" (da pulsão) e *Einspruch*, "objeção" (da realidade), que designam operações muito profundas e muito obscuras do funcionamento psíquico. Nessa escolha semântica, Freud acaso não estaria sugerindo a parte ocupada pela língua na organização de toda formação psíquica, bem como a indecisão em que nos coloca quanto a discernir aquilo que, na produção do espírito, testemunha um ato ou um sinal? A interpretação, como toda formação de palavra, como toda formação psíquica, é da ordem tanto do signo quanto do ato: ela leva o paciente a enunciar – logo, a renunciar –, a fazer do homem que vê um homem que fala.

6. Alter ego

A neurose obsessiva invade a vida dessa paciente. Imperativos inapeláveis de organização e de limpeza determinam cada um dos seus gestos. Na sessão que inaugura esse novo ano de análise, ela fala das suas férias "felizes", da liberdade corporal que sabe que "deve à análise". Aparentemente, a rigidez dos seus traços de caráter constitui um desafio à eficiência do trabalho analítico, de natureza a abalar a confiança do analista em sua terapêutica. Mas num outro nível, partilhamos da certeza de que um "processo" está se desenvolvendo ali, que faz com que ela se sinta mais viva, mais brincalhona, feliz de vislumbrar que ela poderia, um dia – mas não cedo demais – renunciar à tirania das defesas à qual, por razões ainda misteriosas, ela se submete.

Depois, logo antes dessa sessão terminar e de uma maneira que nenhuma contradição pudesse lhe ser oposta, me anuncia que ela não virá na próxima vez. "Meu

116   ALTER EGO

aquecedor está vazando", diz, *"e tem que ser trocado; sou eu mesma que tenho que ficar de olho nos trabalhos". Por mais prosaico que pareça esse acontecimento, o relato que ela faz dele, no* hic et nunc *da experiência transferencial, soa estranho à minha escuta: escuto aí uma queixa e uma dor.*

Vou me apoiar nesse fragmento clínico de conteúdo evanescente para seguir as vias pelas quais o tratamento organiza a intersubjetividade e, com isso, recria as condições necessárias à alteridade e à constituição de um si-mesmo.

Ninguém dispõe da mesma liberdade de fala, da mesma gama de expressões para comunicar as ideias e as emoções com as quais se trama a sua infelicidade interior. A armadura que protege o obsessivo dos impulsos e das representações infantis é forjada com o material da linguagem. Sua sintaxe é estreitada; as lacunas significantes, assoladas; as palavras são contidas, ou excluídas, conforme a capacidade que possuem de ensurdecer os significados que são convocadas a representar. A neurose esvazia o alcance do discurso, o reduz à sua música. Uma música rudimentar análoga à que o homem primitivo tira do osso de um morto, para transmitir a um próximo, por um estranho acordo, a dor surda que tirava o seu fôlego. Também entendi, nessas poucas palavras – tão pouco poéticas na sua figura, tão tocantes em sua estranheza e em seu furor enunciatório –, a emergência, muito distante, de uma representação inconsciente que se retira, no assombro, no mutismo do recalcamento.

De fato, esse mote do vazamento não era novo em seu discurso, realmente. Havia aparecido incidentalmente, alguns meses antes, graças a um impulso repentino de renovar o encanamento do apartamento, de forma a ficar permanentemente de olho em seu bom estado. Depois, isso se deslocou para a busca de manchas no teto e a suspeita de que os "vizinhos de cima" estavam negligenciando a salubridade do escoamento do esgoto. Depois, isso se transferiu para os "fluxos" da filha, a quem ela impôs exames ginecológicos.

De modo que à estranheza trazida pelo tema do "vazamento do aquecedor" se misturava, em minha escuta, no momento da sessão de que estou falando, à familiaridade de uma repetição. Como se só coubesse a mim escutar que ali se aproximavam, numa articulação ainda sumária, experiências perceptivas, construções representativas que suas inscrições tópicas e suas temporalidades psíquicas condenavam à insignificância num discurso enunciado. A oposição familiaridade/estranheza que assim se delineia não é gramatical, ela não passa de um efeito de escuta.

A repetição que atua na compulsão dessa paciente em investir perceptivamente, de forma seletiva, certos acontecimentos da realidade externa mais do que outros, participa de um processo representativo. Uma lógica comanda esse agrupamento de acontecimentos aparentemente díspares, que tende *ipso facto* a uma comparação, por abstração, daquilo que é comum a eles. A repetição é uma etapa fundadora da conceituação. Ela ainda não organiza aquilo que Freud chamava de *Repräsentanz* – a "representação" que exige uma operação de recalcamento, implicando a intervenção da linguagem, e que se constitui por um efeito de negação do discurso –, mas sim uma formação do inconsciente que compete à ordem arcaica da imagem, que só se dá a ver ao olho do espírito, conforme uma reflexão especular. Freud tem o cuidado de diferenciá-la da precedente, designando-a como duplo semântico, *Vorstellungsrepräsentanz*, cujo equivalente francês é ainda mais ambíguo, *"représentation de représentation"* (representação de representação).[1]

---

1 Sigmund Freud, "L'Inconscient". In *Métapsychologie*, Gallimard, 1968.

118 *ALTER EGO*

É muito importante, para a compreensão do processo analítico, distinguir esses dois estados da representação inconsciente; a primeira, a *representação*, pertence ao inconsciente recalcado, ela é como que contígua à língua enunciável e é suscetível de figurar ali como "repetição analógica". Por essa pertença linguística, é inibida a influência que o inconsciente exerceria sobre a percepção, uma vez que esta se orienta para representações substitutivas de caráter alucinatório.

A *representação de representação* pertence, por sua vez, ao inconsciente não recalcado. Ela é uma formação psíquica em vias de organização, iniciada por um trabalho de figuração com o qual a experiência transferencial concorre consideravelmente e que concede ao tratamento o essencial da sua criatividade. Ela se desenvolve independentemente da linguagem, acessa livremente a percepção da qual empresta as imagens desses roteiros fantasísticos. A forma alucinatória de que as produções psíquicas sob o efeito da regressão transferencial se revestem é a prova mais tangível dessa expansão da fantasia que o sonho, as associações, a escuta, as construções e a interpretação encaminham secundariamente para a fala, ao lhe impor necessariamente a passagem pelo estado de representação recalcada.

É importante diferenciar esses dois estados da representação inconsciente, porque isso permite compreender como o processo analítico garante, aos traços mnésicos arcaicos e às moções pulsionais primárias, a sua entrada numa organização significante. É possível que aquilo que cada tratamento realiza num plano ontogenético não passe da retomada de um processo mais geral que pertence à filogênese.

Em um estudo da religião egípcia, Philippe Derchain descreve, na construção do relato do mito, as etapas graças às quais ele alcança um alto grau de abstração: ao deus Osíris, o mito orginalmente atribuiu "ser ora o grão, que renasce após ter sido enterrado; ora o Nilo, que conhece uma nova cheia após os meses de estiagem; ora a lua, que resplandece de novo no céu após um período de invisibilidade; ou mesmo o sol, que ressurge após a noite". Mais tarde, o mesmo deus tornou-se "a própria pessoa do príncipe que se perpetua em seu filho e que, após a morte, descobre a vida espiritual". A partir dessas representações e repetições, o pensamento primitivo isola o denominador comum, a periodicidade que afeta todos esses fatos; depois, faz a equivalência, nos dois planos – do significado e do significante –, entre o eterno retorno e Osíris. Mais tardiamente, no primeiro milênio, ele reconhecerá e nomeará a força representada por Osíris, chamando-o de "o vivente" ou "a vida".[2]

A operação pela qual a repetição se erige imperceptivelmente como representação retira o aparelho psíquico do solipsismo das suas origens. Abre-o para o outro e institui um si-mesmo. Segue um caminho análogo ao que conduziu o membro da horda primitiva à individualidade. A presença daquilo que Freud, desde o *Projeto*, figurou como o *Nebenmensch* lhe é necessária. Não é fácil encontrar, para essa palavra inspirada, um equivalente em francês, o homem do lado – isto é, "o próximo", mas outro; "o semelhante", mas distante. Ele faz as vezes de substituto iniciando o processo da subjetivação: sei o que sou no reflexo daquilo que esse outro me devolve.

Esse ato psíquico "especular" constitui um dos eixos capitais do trabalho analítico. É a figura mais enigmática da transferência. Ele estrutura a experiência informal mais iniciadora do encontro intersubjetivo. E é desse ato que o discurso vai, secundariamente – por suas palavras, sua sintaxe, seu ritmo –, desfraldar, formalizando-as, as virtualidades representativas e afetivas, pela mesma metamorfose

---

2 Philippe Derchain, "Histoire des religions 1", *Encyclopédie de la Pléiade*, Gallimard, 1970, p. 82.

120 *ALTER EGO*

pela qual o fruto se destaca progressivamente da sua flor. A condição é a de que um outro aparelho psíquico garanta a sua reflexão; desfralde, pela lacuna à qual atribui certa função de espelho, a sua significação; redistribua, pela singularidade daquilo que o faz ser um outro aparelho psíquico, a sua configuração.

"Um outro aparelho psíquico", e não "o aparelho psíquico de um outro", porque a noção de alteridade aqui aventada não deve se dissolver na oposição das categorias – demasiado antropológicas e contrastadas – do si-mesmo e do estrangeiro. Ela deve permanecer estreitada à oposição das categorias, espelhadas e mais intimamente psicanalíticas, "narcisismo e objetalidade" ou "subjetividade e objetividade".

O trabalho de agrupamento representativo que se inicia, com a repetição analógica, no aparelho psíquico do analisando, reconduz-se para o trabalho interpretativo garantido por um outro aparelho psíquico, o do analista. Na situação clínica à qual me referi, poderia reivindicar que esse outro aparelho psíquico é o meu. Mas acaso estou certo de que foi justamente "eu" quem "acomodou" minha escuta à formação de angústia subjacente ao mote do vazamento do aquecedor? Não posso excluir que esse "eu" tenha sido extemporaneamente transformado pela "experiência" que, também para mim, esse encontro representa.

A imagem que o analista devolve ao analisando é uma imagem viva, animada pelo que o encontro produz de mudança nos dois protagonistas da situação. Ela não é puro reflexo. A metáfora do espelho é certamente tentadora para aproximar a dimensão do ato psíquico especular. Ela é, de fato, mais adequada ao pensamento melancólico, em que – como mostrou Jean Starobinski[3] – sujeito e objeto confundem-se na imagem e o espelho constitui-se como

---

3 Jean Starobinski, "La mélancolie au miroir". In *Conférences, essais et leçons du Collège de France*, Julliard, 1989.

JEAN-CLAUDE ROLLAND   121

ferramenta mortífera da fixação, "a água negra em seu enquadro fixo". Completamente ao contrário da escuta analítica, que reflete a repetição que escande o discurso do paciente transformando-se subjetivamente.

Um "eu", para o analista que sou, escutou no mote do vazamento, a analisanda dizer a repetição que nela se operava. Essa escuta é uma "construção", mais precisamente uma transferência para a atividade da minha fala, de uma impressão de pertencimento indefinível. A única coisa que se pode dizer disso, numa aproximação que permanece plausível, é que ela se inscreve na misteriosa sensorialidade de que – sob a sua língua e, por isso mesmo, invisível – a psique está repleta.

Por "transferência", *Übertragung*, Freud, no capítulo VI de *A interpretação dos sonhos*, designa a operação regressiva pela qual os "pensamentos do sonho" convertem-se em "imagens do sonho". Transferência, e não "tradução", *Übersetzung*, pois não consiste em substituir uma semiologia verbal por uma semiótica da imagem. Ela garante, na extensão psíquica, um deslocamento que modifica o conteúdo ideacional e pulsional da coisa transportada. A seu termo, o que nos pensamentos do sonho era um "dizer", tinha função expressiva e estatuto de abstração, adquire, na imagem do sonho, valor de realização alucinatória do desejo, torna-se um "ato".

Na situação analítica, a transposição toma um rumo rigorosamente inverso ao que se passa no processo onírico. Aqui é a imagem, assombrando a experiência transferencial e contratransferencial, que se transpõe num discurso. Essa progressão é exigida pela regra do "dizer tudo". Em um dado momento da escuta dessa analisanda, em estratos inacessíveis do meu espírito, uma imagem teve de "se revelar" – imagem que discernia, sob o mote manifesto do "vazamento", uma provável representação obscura e assustadora da feminilidade. Depois, essa imagem se transportou para as minhas

122 ALTER EGO

palavras, nomeando a repetição. Por meio dessa transferência, o seu conteúdo teve de abandonar uma parte da sua força pulsional. Por conta da proximidade na qual se encontram os nossos respectivos discursos, é imperativamente preciso que eu suponha que um mesmo processo se estendeu para a analisanda. A partilha de representações de pertencimento estritamente narcísicas abre-lhes o caminho para uma alteridade primeira. A instalação da intersubjetividade inicia, paradoxalmente, o movimento da sublimação.

Reflexão especular do movimento psíquico que se desenvolve na analisanda e transformação subjetiva do seu próprio aparelho psíquico, sob a influência desse mesmo movimento: essa é a participação, bastante considerável, do analista na "perlaboração". Em 1914, em "Recordar, repetir e elaborar", Freud opõe esse movimento psíquico ao da "repetição" como a luz à sombra ou o remédio ao mal. Quando retomar o estudo, em 1920, em *Além do princípio do prazer*, estará menos certo disso. É de se entender. Pois, é intelectualmente difícil conceber que uma transformação, permanecendo completamente interna ao aparelho psíquico do analista, produza um efeito sobre outro aparelho psíquico do qual a lacuna irredutível da subjetividade o separa. Resiste-se, de igual maneira, a admitir que um "movimento psíquico", em reação a uma dada situação, passivo e sem autor, tenha a eficiência de um "ato".

E, no entanto, é justamente sob a constrição de uma interdependência, de uma recíproca colocação em órbita, que um jogo de forças, ativado num aparelho psíquico, ativa, num outro, um jogo de forças, de representações, de afetos, não mimético, mas justamente inesperado. A repetição só existe no princípio da vida psíquica se permanecer isolada. Ela acha por onde naufragar, inarredavelmente, no obstáculo que a imprevisibilidade do outro lhe opõe, emparedado na singularidade da sua própria compulsão. "Na fonte e na origem" da situação analítica, haveria isto, somente isto, tudo isto: um tensionamento de dois aparelhos sob o efeito das suas copresenças e da confrontação das suas semelhanças e diferenças, do próximo e do distante, do familiar e do estranho.

Como se, na fonte da transferência, aquém daquilo que cada um dos seus protagonistas organiza, por meio de suas imagens, como figuras e, por meio de seu discurso, como representações, primeiro havia essa mobilização pela qual dois aparelhos psíquicos distribuem, de outro modo, as instâncias que os organizam em "divisões do ser". Como se fosse preciso, para esses protagonistas, conceder que pedaços de seus eus retornem ao império do isso, e remanejar esperas e recusas que comandam a atração pelo objeto ou a conservação de ganhos narcísicos preciosos. O remanejamento psíquico que lhes é imposto dá contornos de hostilidade a essa mobilização. Ele explica a estreiteza e a fragilidade da abertura intersubjetiva que a transferência organiza, a urgência na qual ela se inicia, os alarmes que a acompanham.

E é precisamente por superar esse pavor, "sobrepujá-lo", que o analista, operando seu ser inconsciente como um espelho, pode devolver à analisanda a imagem das turbulências que a afetam, o reflexo dos objetos internos aos quais ela não tem como renunciar. Dessa obra de reflexão – passiva e crua – lhe vem aquilo que Lacan chamou de "horror de seu ato". Pois nesse jogo especular infinito, essa remessa incessante de imagens de si para o outro, o analista também descobre o desconhecido que ele é para si próprio e que a situação faz com que "apareça".

O sobrepujamento é a postura que, no analista, se opõe à repetição no paciente. Ele está no fundamento da perlaboração. Esse olhar que ele é compelido a dirigir a si mesmo – esse olhar interior pelo qual o analista repete o olhar que dirige ao analisando – dá em mais que uma percepção: ele inicia uma representação; ele é uma percepção acompanhada de um pensamento, o lugar da articulação da imagem e da linguagem.

124 ALTER EGO

Pelo sobrepujamento, a percepção discerne a lacuna que separa a sua visão da figura olhada, a representação de coisa, situa-as na perspectiva da extensão psíquica e da hierarquia das suas instâncias. O sobrepujamento é deslocamento para o alto, como diz o prefixo *über* da palavra alemã. É remoção da imediatez da experiência e, com isso, do próprio espírito da simbolização. É o movimento pelo qual o analista detém sua participação, sensorial, passiva, inconsciente na experiência transferencial e acessa o que Freud designou como *Versagung*, "recusa".

Ou melhor: "desinteresse". Pois, nascida de um retorno da sua passividade em atividade, da sua participação em observação, esse avanço permite que ele se concentre e se empenhe apenas na leitura e na decifração dos acontecimentos psíquicos em seu encontro com a analisanda. Ela é uma posição terceira, abrindo para a interpretação um lento ganho do trabalho psíquico, uma conquista, sempre atrasada em relação à experiência, da curiosidade que, para advir, deve retirar-se da sua matriz sexual, do seu interesse incestuoso – e, a esse preço, inicia a consciência.

Vendo Ernst, seu neto, brincar, Freud escutou no *fort* e depois no *da* proferidos por este – e viu em sua invenção do mote carretel-barbante – que a criança reproduzia a experiência dolorosa que lhe havia sido infligida por sua mãe, deixando-a temporariamente. Para chegar a essa acuidade da observação, sem dúvida, foi preciso ao velho homem soltar-se dos laços potentemente narcísicos que mantinha com o filho mais velho da sua filha mais velha e livrar-se da sedução inerente a essa filiação – voltar a ser o pesquisador imparcial que soube ser em todas as circunstâncias, e não somente na escuta de seus pacientes ou na elaboração de sua metapsicologia. Sob a insignificante banalidade desse "capricho" infantil, ele pôde então reconhecer o jogo do qual o aparelho psíquico se dota frente ao conflito entre reivindicações pulsionais e exigências da realidade. E o relato que fez disso desdobrou o prisma cromático, entre lúdico e trágico, de onde lhe vêm sua astúcia e sua eficiência. O jogo é a própria forma do trabalho psíquico, em geral – em particular, a perlaboração.

O comentário que, neste texto metapsicológico austero que é *Além do princípio do prazer*, Freud faz desse acontecimento deixa todo o seu lugar ao maravilhamento, à surpresa jamais esgotada que essa sua descoberta lhe causa. O maravilhoso jaz clandestinamente sob o banal. Basta empurrar a pedra que o obstrui para que apareçam as imagens da caverna: o maravilhoso, isto é, o fantástico. Isto é, os roteiros fantasísticos que se desfraldam no cerco sagrado e secreto de seu mundo interno, iniciados pelas figuras que o ser, retirando-se do estado de natureza, engendrou humanamente – essas figuras que são suas pulsões, seus desejos, seus ancestrais, seus deuses e seus mortos.

Aqui se coloca uma questão cuja resolução é essencial para a compreensão do processo analítico e para a avaliação daquilo que funda, em última instância, a posição analítica do analista no tratamento. Quem instaura definitivamente esse jogo, pelo qual um automatismo psíquico, submetido à compulsão, desloca-se para um trabalho de representação? A criança é compelida à repetição pelo trauma, ator anônimo e não autor da sua conduta? A pessoa do analista, agindo em sua participação transferencial e suas construções por determinismos que continuam desconhecidos para ele? Ou esse terceiro que foi Freud frente a Ernst, ou que o analista é ao sobrepujar sua experiência, a partir do momento em que, por seu olhar ou sua escuta, atravessam a "tela" da repetição e reconhecem, sob o real, que é paradoxalmente do foro da aparência, o borbotar de uma sexualidade com a qual o ser deve investir o mundo para lhe dar sentido e habitá-lo humanamente?

É o analista que concede, ao ato psíquico desse outro, a sua dimensão lúdica ou trágica – mas, em todos os casos, significante. Winnicott

126 *ALTER EGO*

via a origem disso na capacidade do analista para criar um espaço novo, uma área de jogo; Freud, na ação do princípio de prazer, em sua luta contra as tendências mortíferas que o mundo fantasístico carrega nele – não mais como um tesouro, mas como um fardo. A partir do momento em que o analista escuta o jogo no discurso e na experiência que o paciente realiza na transferência, ele é seu analista. Enquanto esse jogo lhe escapar, a análise ficará – pelo menos por ora – em suspenso.

Voltemos a esses princípios de ordem – que supõem uma mesma restrição da percepção e do pensamento – que o nosso analisando exibe de forma caricatural. Esses princípios são aqueles de que o aparelho psíquico deve se dotar para adaptar-se ao seu ambiente externo. Ou, antes mesmo, aqueles aos quais o eu recorreu para tornar conciliável, o mínimo possível, a coexistência da sua dupla participação no mundo interior, das suas fantasias, e no exterior, dos seus objetos reais. Aqueles aos quais ele recorreu para deter a tendência incoercível, animando a fantasia, a se atualizar nos dados objetivos da percepção, apagando a contraparte da alteridade e reduzindo-a a uma pura experiência subjetiva. Bem como de desviar os traços reais do "objeto encontrado" ao seu proveito, de substituir as figuras de seus amores edipianos e fazer deles um "objeto reencontrado", compelindo assim o percepto a não passar de uma *Vorstellungsrepresentanz*, isto é, uma alucinação.

A tendência à conservação dos objetos primeiros e das moções pulsionais que estão a eles associadas define bastante bem o princípio do prazer que rege o processo primário, o isso. O eu se defende disso por meio do recalcamento e da inibição. Paradoxalmente, o sistema perceptivo, ao qual todo o eu não é redutível, pode vir a entravar essa primeira organização psíquica. No percepto, por um mecanismo projetivo, o objeto abandonado ameaça representar-se. A percepção é então substituída por uma alucinação. A atividade perceptiva não é somente uma ferramenta do conhecimento do mundo. É igualmente um fator de desconhecimento da realidade, graças a que ela se torna a via indireta para o reconhecimento do mundo da fantasia.

Freud foi sensível a essa debilidade estrutural do funcionamento psíquico. Ele tentou aproximar os mecanismos que previnem, ou não previnem, esse desvio que sempre ameaça tornar a atividade perceptiva numa atividade alucinatória. O artigo "Complemento metapsicológico à doutrina dos sonhos"[4] não apenas não fornece nenhuma resposta esclarecedora para esse problema da "inibição da alucinação", mas agrava a sua problemática. Freud atinge ali, manifestamente, um ponto de suspensão da teoria. É por isso, sem dúvida, que ele usa o termo "doutrina", *Lehre*.

Desse texto obscuro, retenhamos a inversão que o autor opera entre uma primeira afirmação, segundo a qual, "no princípio de nossa vida psíquica, nós alucinamos realmente o objeto de satisfação quando sentimos a necessidade dele", e a dúvida que o assola, ao cabo do seu desenvolvimento, quando ele concebe que o "afastamento do teste de realidade", que torna possível a alucinação, corresponde ao sacrifício que o eu faz de

> *uma de suas grandes instituições [...] em reação a uma perda que a realidade afirma, mas que o eu deve denegar por ser insuportável. O eu rompe, então, a relação com a realidade [...], as fantasias de desejo – não recalcadas e totalmente conscientes – podem penetrar no sistema e são, com isso, reconhecidas como uma realidade melhor.*

A ênfase dada aqui ao fator traumático da perda de objeto e as transformações que ela inflige a toda a organização do aparelho psíquico fazem contraponto ao fator etiológico da regressão. Ela

---

4 Sigmund Freud, "Complément métapsychologique à la théorie du rêve". In *Métapsychologie*, Gallimard, 1968, p. 141.

128　*ALTER EGO*

marca, em Freud, uma repentina reserva frente a sua confiança habitual no pensamento psicogenético.

***

O exemplo clínico sobre o qual a nossa reflexão se apoia permite visualizar as etapas fundadoras da transferência. Elas permanecem geralmente indiscerníveis em outros lugares. Seja porque, em certos pacientes, a atividade de fala libertou-se de suas premissas psíquicas arcaicas – atingiu a transparência do verbo que faz as palavras se esquecerem da coisa e o monumento ignorar suas fundações –; seja porque, noutros, o desmoronamento do monumento psíquico não deixa mais aparecer nada além das suas construções primitivas e nos tira a perspectiva que permite julgar a sua evolução. Ao primeiro caso, pertence a "normalidade", em que a neurose ainda está presente, mas polimorfa, flutuante, nunca monolítica; ao segundo, os estados *borderline* e psicóticos.

A vida psíquica dessa analisanda, como vimos, está como que perclusa pela fixidez e a tensão de suas defesas obsessivas e seu discurso é como que monopolizado pela angustiante tarefa do contrainvestimento de representações inconscientes. Parece que a eficiência – muitíssimo lenta, mas real – do trabalho analítico repousa na atividade de um processo transferencial para o qual concorrem dois movimentos bem distintos. O primeiro é contemporâneo ao encontro dos dois aparelhos psíquicos, da analisanda e do analista. Ele é impessoal, imediato, anterior a todo e qualquer outro movimento transferencial, o simples efeito da copresença de dois aparelhos, já marcados por uma orientação para a subjetivação – um, o do analista, tendo, nesse caminho, um avanço que gera um declive, uma corrente de excitação. Ele organiza a alteridade num plano estritamente econômico.

De que essa etapa, esse movimento – como o é, aliás, a noção de aparelho psíquico – só seja apreensível pela via da reconstrução teórica, até mesmo metapsicológica, não há dúvida alguma. Isso "não o impede, contudo, de existir" – para retomar a célebre fór mula de Charcot –; ou, caso se prefira, porque a sua existência nunca é manifesta: isso não o impede de "insistir". É esse jogo energético que desencadeia, nas primeiras entrevistas, a decisão, para a analisanda, de "começar" uma análise e a decisão, para o analista, de se empenhar nesse trabalho. Assim como é a extinção dessa corrente diferencial – as aparelhagens mentais de um e de outro tendo reverberado e se extinguido nas identificações de pessoa a pessoa – que faz com que, um dia, inexoravelmente, analista e analisanda não encontrem mais matéria nem mote para se rever...

O segundo movimento que carrega a transferência primitiva anima-se com o jogo das representações inconscientes. Estas oscilam entre a "invisibilidade" à qual o recalcamento as obriga e a "visibilidade" que a experiência transferencial faz com que elas alcancem. A transferência se mostrando, como sempre, um compromisso entre "resistência ao" e "retorno do" recalcado, pode-se dizer, dessa oscilação, que ela é esse próprio compromisso, que ela testemunha a latitude dessas representações a se mover na extensão psíquica e a se metamorfosear ali. Seu material é o da imagem mental, incluindo as múltiplas formas da sensorialidade psíquica, e cujo atributo essencial é a *presença*, à maneira desses afrescos aplicados num lugar obscuro do templo, invisíveis aos olhares dos fiéis, revelados apenas pela lenda, e que dão, ao lugar sagrado, no entanto, a sua significação e sua atratividade.

Tentei mostrar como nossa analisanda se defendia dessa presença da fantasia em estado nascente por meio de uma atividade desenfreada e deformadora de discurso que não deixa lugar algum ao silêncio. Esse caso desvela e ilustra *a contrario* a condição que é requerida para que se produza a translação da formação inconsciente rumo ao estado de representação recalcada, depois rumo a sua formalização lógica e consciente. Essa condição é o silêncio, na medida em que ele seja uma suspensão da fala e não um déficit ou uma recusa desta. Mas penetramos mais profundamente a significação do

130 ALTER EGO

silêncio no discurso analítico ao concebê-lo como *o retorno da atividade de fala em sua passividade*. Esse procedimento requer certa determinação libidinal e serve para um determinado fim, a rememoração, graças à qual se descobrem – assim como a escavação do arqueólogo faz com que a cerâmica enterrada no solo apareça – a emoção atrelada à coisa inconsciente e à sua figura.

A suspensão da "amnésia infantil" é o requisito absoluto de toda e qualquer resolução do conflito psíquico. Freud não parou de lembrar essa exigência aos analistas do seu tempo. Mas não é uma rememoração ativa voluntária que o garante. Ela é o efeito indireto de uma redistribuição – à qual o eu se submete passivamente – das instâncias psíquicas, de uma inflexão da dinâmica discursiva sob a pressão do processo primário.

*Essa paciente cedeu à sedução do seu patrão, um homem com a idade do seu pai, depois fugiu do trabalho e então caiu numa depressão hipocondríaca severa. Após uma longa hospitalização, pensou purgar "sua falta" com uma reconversão numa especialidade subalterna e reencontrou ali exatamente as mesmas dúvidas – no que se refere à sua aptidão para o trabalho e à legitimidade da sua posição – que a haviam invadido, depois de sua aventura, em sua carreira precedente. A pobreza ideacional, no plano verbal, é nela considerável. Todo o seu sofrimento recai sobre a sua queixa de "não estar à altura; ser uma fracassada; dever demitir-se..."
A queixa retorna no começo dessa sessão e predomina nela a ideia de fracasso. Daí, rompendo com a tépida repetitividade de seu discurso, associa a isso a lembrança de um concurso pelo qual outrora ela passou e das angústias que experimentou com isso. Relacionei*

fracasso e concurso, dizendo-lhe que "ela talvez estivesse pensando nesse concurso ao falar, há pouco, de fracasso".

A analogia fez com que eu concebesse ter se produzido um leve deslocamento do conteúdo semântico da palavra "fracasso" graças a seu emparelhamento com a palavra "concurso", que ela não se referia mais apenas à conotação genérica e moral de "ser um fracassado", mas também a uma conduta (inconscientemente) motivada, quiçá endereçada – uma "conduta de fracasso". Ocorre a ela a lembrança de uma angústia recorrente da infância: ela tinha medo (assim como seus pais, pensava ela) de que o seu irmão e a sua irmã mais velhos fossem mal nos estudos por causa de suas vidas amorosas. Daí ela caiu num longo e profundo silêncio.

Digo "um profundo silêncio" como diria "uma fala profunda", pois é exatamente isso que experimentei interiormente, permanecendo presente na mais estranha situação de escutar um silêncio. Em uma troca que se reduz à copresença – corpo-a-corpo mudo e ausência, tal como Ulisses opôs ao Ciclope em se chamando de "Ninguém" –, tive de discernir que a "atividade de fala" desfraldada até então estava sendo substituída por uma "atividade visionária" na qual, não sem ardor, ela se absorvia.

Estamos aí no fundamento da experiência transferencial. Falamos pouco disso porque, justamente, a condição da sua manifestação é furtar-se à linguagem. É daí, entretanto, que retiramos o essencial do nosso "conhecimento do inconsciente" – para retomar esse oximoro freudiano –, nos apropriando, ulteriormente, dos fragmentos esparsos e ínfimos. Uma experiência da qual participamos por meio de um jogo de imagens, de visões, de sensações infundidas que nos transformam. A experiência implica essa

132 *ALTER EGO*

transformação. É assim, pela primeira vez desde que escuto essa analisanda, que pude me dizer que " uma mulher nela" não se sentia "à altura"; que a sua conduta de fracasso visava a "um desejo feminino e seu objeto". Como se, nesse silêncio – e porque, assim como escreve Paul Claudel, "o olho escuta" –, uma representação, recalcada nela se abriu, em mim, à visibilidade, sendo convertida, *via* minha visão interior, numa construção.

> *Depois, perto do fim da sessão, ela retomou a fala; disse que tinha acabado de se lembrar de um sonho que teve na noite anterior, no qual seu irmão, maldosamente, a repreendia por fazer uma nova formação que ela sabia que não permitiria que ela conseguisse trabalho. Trata--se desse irmão mais velho que ela evocava no princípio e que tinha um papel determinante no despertar, e na inibição imediata, da sua sexualidade de garota.*

A "experiência". A palavra alemã correspondente, *Erfahrung*, contém em sua etimologia – como Philippe Lacoue-Labarthe indicou preciosamente – tanto a noção de "travessia", *fahren*, quanto a de "perigo", *Gefahr*. A experiência transferencial é a retomada da experiência infantil, ela é marcada pelo mesmo perigo; está ligada à mesma transformação que faz o aparelho psíquico tornar-se outro que não ele próprio, outro de si mesmo – transformação que Freud chamava de *Veränderung*, palavra que tem o mérito de fazer soar *Der Andere*, "o outro". A retomada da experiência infantil como experiência na transferência conduz à sua consumação, quando seu desenvolvimento foi inibido, ou à sua recuperação, quando o seu curso foi desviado pela sobrecarga de excitação ou pelas interdições postas pelo inconsciente parental. Uma experiência que, numa ou em outra de suas versões, se desenvolve afastada da linguagem – não necessariamente antes da sua constituição, mas para que estejam assegaradas a literalidade e a espessura da sua "vivência", é preciso que ela se furte a toda e qualquer obra de simbolização. O outro termo alemão para "experiência", *Erlebnis*, que Freud também emprega sem marcar diferença com o seu sinônimo, tem como radical *leben*, que quer dizer "viver".

Uma experiência, portanto, que pertence a uma tópica que seria preciso designar, com Lacan, como "imaginário" – termo que nossas comunidades analíticas ignoraram, com razão, na confusão em que ele permanece com a acepção frouxa que o senso comum lhe atribui, erradamente, em sua referência à imagem na qual se incarna, forçosa e fortemente, a representação. E a posição analítica que convoca no analista a reatualização no paciente, dessa experiência infantil, é uma continência e uma reflexão. Ocupando em espelho o lugar do outro, refletindo a imagem que o analisando construiu de si graças à transferência, o analista ocupa também, numa outra perspectiva, pelo sobrepujamento de seu discurso interno, o lugar do terceiro interpretante.

***

Voltemos uma última vez ao nosso exemplo clínico inicial: eis aqui uma análise cujo processo é muitíssimo lento, quase estático; por si só, um sobrepujamento ativo assegura que um movimento ali se delineie. A resistência ao devir consciente das formações do inconsciente é tão potente e tão constante que acabamos, depois de muitos anos de tratamento, escutando essas formações figurando-se em representações muito indiretas, em imagens, mais do que as escutando se enunciar naquilo que há de manifesto num discurso.

Uma situação que, num primeiro momento, mostra-se nos limites do analisável; que parece, para a reflexão, pertencer de pleno direito à categoria da analisabilidade. A noção de continência pode nos ajudar a avançar nessa obscuridade. A lacuna

134   ALTER EGO

econômica entre os aparelhos psíquicos do analisando e do analista instala uma dinâmica pré-transferencial que substitui secundariamente a função de espelho que, face aos jogos de representações avivados no analisando, a escuta do analista assegura. Essa transferência primordial permanece aquém a toda objetalidade. Não passa da homeostasia própria ao analisando que se refere à própria homeostasia do analista. Não passa da sua organização narcísica singular que o analisando reconhece na organização narcísica – convocada, aliás, sem que ele o saiba – do analista. Ali são realizadas apenas as condições requeridas para que, num terceiro momento, os objetos internos do analisando desfraldem-se na pessoa do analista, nele se representem, até mesmo se encarnem. A título disso, a transferência pode se entender em termos de continência: ela trabalha para conter, no espaço da intersubjetividade, por sua dinâmica sexual que reflete as pulsões do isso tanto quanto a libido do eu, o conjunto da organização psíquica do ser do analisando, o qual se torna, assim, no tempo da sessão, o *Ersatz* provisório, o teatro intermitente.

Essa transposição da realidade psíquica para a cena da transferência diz respeito ao conjunto dessa realidade, ainda que seja apenas, ora um de seus fragmentos, ora um outro que tem acesso – graças a construções do analista ou do discurso do paciente – à visibilidade e à legibilidade. Graças a essa transposição da realidade psíquica para a cena da transferência, uma nova instância reflexiva é introduzida, a qual duplica a ação representativa e depois a substitui. Ela se constitui segundo o próprio movimento pelo qual, como escreve Freud em "O inconsciente", "uma ação psíquica é detida no caminho da ação". Ela é o pensamento.

Nesse caminho em que se desfraldam os objetos incestuosamente conservados pelo eu ou o isso do analisando, nesse caminho que substitui o recalcamento constituindo a enfermidade psíquica (aqui, a neurose obsessiva) e a transferência que a dissiparia, se mostram as resistências específicas. Essas resistências merecem ser reconhecidas porque entravam a função de continência da transferência. Elas procedem deslocando o objeto interno – de toda forma mobilizado em seu recalcamento pelo pequeno sismo que representa, para o conjunto da psique do analisando, a atualidade da situação analítica – não para a pessoa do analista na situação analítica, mas para um lugar externo a ela, um lugar inacessível à observação do paciente, por vezes até à do analista. Por esse deslocamento, o objeto interno é conservado em seu valor erótico e seu alcance edipiano.

O deslocamento para "fora-do-enquadro" do objeto frustra, com efeito, a ameaça de renúncia que o tratamento transferencial exige, entre o momento em que é reconhecido o apego que ele suscita por parte do eu e aquele mais tardio, quando a sua figura originária terá sido interpretada. O objeto é protegido em sua conservação porque é projetado na realidade externa; porque, sob um disfarce tão eficaz quanto aquele que o recalcamento lhe proporcionava anteriormente, ele é como que alucinado num objeto do mundo; e porque, sob essa forma substitutiva, ele escapa pontualmente à analisabilidade, isto é, à transferibilidade.

É o que acredito ter compreendido nesta sessão:

A paciente fala longamente, primeiro, da troca do aquecedor: a operação pareceu-lhe correta, mas ela continua abalada pela "brutalidade" do empreiteiro, as negligências dele que ela teve incessantemente de prevenir e as exigências dele às quais ela não teve como resistir. Assim, ela teve de pagar imediatamente os trabalhos para se dar conta, algumas horas depois, que as torneiras dos radiadores tinham sido quebradas... Abandonando a narração, seu discurso torna-se repen-

136 ALTER EGO

tinamente mais íntimo; ela se repreende por causa da sua fraqueza, deixa transparecer um desarranjo que ela relata insensivelmente às humilhações familiares de que fora vítima quando criança. Retorna a ideia recorrente de que, não só, ela não fora educada, mas também que ela fora uma criança "ferida". Digo que "ela teria pensado nela ferida ao pensar nas torneiras quebradas". Ela se cala por muito tempo, o que lhe é totalmente pouco habitual, depois diz que "a infância é tão importante, determina tudo"; daí evoca, longamente, a severidade e a brutalidade do pai, de modo que digo que "ela pensou, sem dúvida, em seu pai ao pensar nesse empreiteiro". Segue um novo silêncio do qual ela sai um pouco aliviada, dizendo o quanto se sente bem em estar sendo, graças à sua análise, "reorganizada"; e o quanto se sente bem em seu apartamento, ao qual ela dedica tanto cuidado e que é, para ela, como que "uma segunda pele".

Tive, de minha parte, graças a essa interiorização depressiva e inesperada do discurso, de me dizer que finalmente "agarramos" esse pai da infância ao qual se mantinha um apego erótico no próprio tormento que ela se infligia indefinidamente!", quando se produz uma nova virada conflitante dos seus dizeres. Ela torna a pensar, com efeito, em seu marido e na raiva e na humilhação que ela sente em sua presença, e recorda-se de uma discussão na qual ele a teria repreendido por fumar escondido, trancada na cozinha. Uma evocação que me pareceu tão relativa à infância que digo, ainda, que "ela também teria pensado em seu pai, ao pensar no marido". Mas a essa interpretação – e contrariamente ao que se passara até então – ela opôs uma maciça e violenta recusa.

Uma recusa, que entendi como uma recusa da renúncia, devido ao deslocamento para um objeto exterior à situação analítica, da preciosa *imago* paterna convocada pela transferência, da qual dependerá, essencialmente, a representação da sua própria identidade sexual. Mais que uma transferência lateral, o que se passa ali ganha ao ser entendido como uma resistência à "continência" da experiência analítica. Ela visa destituir o analista de uma posição terceira sobrepujante e interpretante, marcada pela ausência, em prol de uma atualização alucinatória. Ela se autoriza, no *hic et nunc* da sessão, a falar, para além do analista, a um empreiteiro, a um marido, a um pai, em sua presença.

A transferência reúne os atores da situação analítica, aquém das suas pessoas, de suas subjetividades, até de seus aparelhos psíquicos, naquilo que eles têm de mais impessoal. E ela reúne, tendendo suas respectivas linhas de força, os três níveis – econômico, especular e objetal – que organizam esses aparelhos. Assim como o deus egípcio Thot, do qual os gregos fizeram Hermes – que ajuda na ressurreição, rege as ciências, faz circular os bens espirituais entre os homens e entre o céu e a terra –, a transferência é trismegista.

7. O feitiço da imagem

Ao passar pelo estudo da psicose, a teoria analítica ganhou em profundidade. A leitura da correspondência entre Freud e Jung não deixa dúvida alguma quanto a esse ponto: as inúmeras contestações que o psiquiatra do Bürghözli – apoiando-se em sua prática hospitalar e de uma maneira bastante subversiva – opunha aos avanços da "jovem ciência" levaram Freud a remanejar sua teoria e a desenvolver o que se tem o costume de chamar como segunda tópica.

Não é curioso, então, que esse campo patológico tenha permanecido fechado ao método analítico, tanto no que se refere à sua compreensão quanto ao seu tratamento? Não é que a psicanálise não tenha o seu lugar no tratamento da psicose, mas ela não ocupa ali o lugar "natural", que é o seu na neurose. É essa curiosidade que eu gostaria de explorar, é isso que eu gostaria de tentar compreender: aquilo a que se deve esse "encontro perdido" entre uma afecção com sintomatologia abundante e uma ciência do espírito que não carece nem de discernimento, nem de audácia.

Antonin Artaud, "internado" por muito tempo em Rodez, se expressa assim numa carta ao doutor Allendy:

140   O FEITIÇO DA IMAGEM

Disse ao senhor que as sessões de psicanálise às quais acabei me prontificando, deixaram em mim uma marca inesquecível? O senhor bem sabe, quando o conheci, que repugnâncias – sobretudo instintivas e nervosas – eu manifestava por esse modo de tratamento. O senhor conseguiu me fazer mudar de ideia. Se não do ponto de vista intelectual – pois há nessa curiosidade, nessa penetração da minha consciência por uma inteligência estrangeira, um tipo de prostituição, de despudor que eu sempre repeliria –, do ponto de vista experimental eu pude constatar as benesses que tirei disso; e, caso necessário, me prontificarei de novo a uma tentativa análoga. Mas, do mais profundo de minha vida, persisto em fugir da psicanálise; dela fugirei sempre, como fugirei de toda e qualquer tentativa de encerrar a minha consciência em preceitos ou fórmulas, de uma organização verbal qualquer. Testemunharei apesar de tudo isso, a mudança que, por causa do senhor, se produziu em mim.[1]

Excluamos, como convida Jean Starobinski, "a facilidade da interpretação analítica". A ambivalência afetiva caracteriza a vivência psicótica; é também do Bürghözli, de seu diretor Eugen Bleuler, que veio esse conceito que Freud adotou e generalizou como um traço normal do movimento pulsional. Mas a ambivalência não esgota a contradição reivindicada aqui pelo poeta entre a afirmação das "benesses" que a análise lhe trouxe e sua recusa em pagá-las com um sentimento de "despudor". Esse sentimento de despudor

---

1 Antonin Artaud, *Œuvres*, Évelyne Grossman (Ed.), Quarto, Gallimard, 2004, p. 260.

desconcerta o psicanalista que não vê imediatamente a sua razão. Algo permanece radicalmente estrangeiro ao pensamento psicanalítico na expressão de Artaud: "há [...] nessa penetração da minha consciência por uma inteligência estrangeira, um tipo de prostituição, de despudor [...]", e: "persisto em fugir da psicanálise [...] fugirei de toda e qualquer tentativa de encerrar a minha consciência em [...] uma organização verbal qualquer [...]".

Entretanto, esse horror que a análise inspira a certos seres e essa "fuga" que é o contrário de uma indiferença fazem parte do ordinário da prática do tratamento. Ele é manifesto em pacientes nos quais nenhuma sintomatologia assinala uma pertença à psicose, mas que um sofrimento violento, em sua vida interior ou em sua relação com o mundo, levou, como que à força, a empreender um tratamento que, certo dia – sem nenhum aviso e com o pretexto de que "estão se saindo muito bem, podem se dispensar" –, interrompem; um tratamento que, honestamente, o analista julgava não somente não acabado, mas também "fecundo". Uma interrupção, portanto, que não aponta a ineficiência ou o desinteresse da situação analítica, mas que poderia estar fundamentada na carga erótica selvagem, no estatuto de intrusão que adquire em certos casos – o que fica bem claro nas palavras empregadas por Artaud: "penetração", "estrangeiro", "prostituição".

Acontece de pacientes psicóticos empreenderem uma análise e levá-la até o fim, pelo menos até a erradicação definitiva das formações inconscientes arcaicas na origem dessa afecção. Isso acontece, mas tão raramente que não é possível tirar conclusões científicas sérias. É mais comum que esses pacientes se entreguem, sob a pressão do seu sofrimento, a um impulso para o tratamento com outro cuidador; e, a partir do momento em que se inicia um princípio de resolução do seu modo de defesa, em que se entrevê a necessidade de uma mudança do sistema de valores que os animam, eles o interrompem. Aí, mais uma vez, não é a eficiência da

142 O FEITIÇO DA IMAGEM

análise que é colocada em questão, mas um processo particular que se engaja nesse encontro da análise com a psicose.

Trata-se do "não analisável"? O privativo que prefixa essa palavra bárbara é, sem dúvida, falacioso e preguiçoso. Temos vontade de responder, como Napoleão, que *"impossible n'est pas français"* [impossível não é francês]! Mas vamos supor que essa indisponibilidade para a análise traduza a existência, no campo psíquico mais ordinário, de formações mentais que, por sua natureza solipsista, resistem ao decurso transferencial e cuja instância marcaria a fronteira daquilo que torna justamente a análise possível; que representaria a "reserva selvagem",[2] uma natureza primitiva, arredia a toda e qualquer mudança e a partir da qual se funda, por oposição, uma civilização nova, uma "obscuridade" primeira que convoca o movimento do "conhecimento".

O analista se submete a essa obscuridade das profundezas da alma quando – não só no momento do engajamento de um tratamento, mas ao longo do seu desenrolar – suspende a questão de saber se esse tratamento se interromperá ou não; se ele trará ou não, ao paciente, os benefícios esperados; se, por fim, a sua mobilidade contratransferencial será ou não garantida o suficiente para acompanhar esse paciente até o fim da sua regressão transferencial.

A recusa da transferência não é o negativo do trabalho analítico, mas a sua fonte. É por isso que a situação desses pacientes que interrompem misteriosamente "uma análise que está funcionando" parece o *analogon* exato, no campo da prática psicanalítica ordinária, da psicose no campo psiquiátrico. É também por isso que a situação da psicose deve psicanaliticamente nos interessar, fazer com que nos perguntemos se, entre as ferramentas teóricas que

---

2 Sigmund Freud, "Formulations sur les deux principes du cours du fonctionnement psychique". In *Résultats, idées, problèmes*, 1, Presses Universitaires de France, 1984, p. 138.

Freud nos deixou como herança, não teríamos negligenciado algumas ou as utilizado de uma forma demasiado intelectual para edificar sistemas teóricos explicativos – mais do que como alavancas próprias para forçar "as portas das mães".

Pois, dessas forças obscuras sobre as quais a transferência tropeça e das quais ela se alimenta, a urgência no plano científico consiste, não em especular suas figuras, mas em auferir os meios de fazer com que apareçam. Com o risco de sair de órbita, de "sonhar" a psicose, a reflexão teórica só pode incidir sobre aquilo que – à custa da surpresa, até mesmo do assombro – já tomou forma na profundeza transferencial da relação do paciente com o seu cuidador. É apenas a observação clínica (caracterizada, nos estados psicóticos, pela lentidão e pela cegueira) que pode dar ao movimento teórico o seu tempo. E para nos fortalecer, nessa necessidade de submeter nossa pulsão teorizante à mesma lei que aquela à qual nos submetemos no tratamento, com um "talvez seja possível darmos conta psicanaliticamente da psicose, talvez não", parece-me bom citar esta bela passagem que um tal Friedrich Würzbach escreveu como introdução à primeira tradução francesa de *Assim falava Zaratustra:*[3]

> *Assim como a biologia moderna deve reconhecer – tal como Kant, aliás, havia predito – que ela só pode explorar a mecânica dos fenômenos vivos, ao passo que as forças criadoras não podem constituir de forma alguma um problema submetido ao exame científico, também toda história literária retumba a mecânica e a cronologia de fenômenos espirituais. O ato de criação propriamente dito permanece um milagre, é a vida criadora que emerge das profundezas cósmicas. O verdadeiro gênio nunca tem nada além da sensação de*

---

3 Gallimard, 1947, tradução de Maurice Betz.

144　O FEITIÇO DA IMAGEM

ser o estuário de potências formidáveis; uma pessoa, no sentido mais primitivo dessa palavra, a saber: um porta-voz abalado pelo som.

Um "porta-voz" abalado por um desamparo que permanece estrangeiro ao ordinário dos homens – eis uma palavra que Artaud não teria recusado para caracterizar sua escrita literária.

***

Os estados psicóticos, a partir do nosso lugar de psicopatologistas, surgem sobrecarregados de angústia e de perigo vital; eles são marcados pela maior incoerência no plano da organização psíquica e ameaçam esses sujeitos de "caírem para fora do mundo" – para retomar a fórmula de Edgar Poe. Não é curioso que, com uma recorrência surpreendente, eles sejam eleitos pelos artistas como motes da ficção estética? Os temas da loucura e da melancolia na escrita romântica, na poesia, no teatro e na pintura constituem frequentemente o objeto de um tratamento que revela o seu alcance trágico e a sua beleza dramática – traços que jamais afloram quando o cuidador está na presença dos seres que a isso estão assujeitados.

A afecção psicótica manifestaria ali uma heterogeneidade que seria a sua especificidade estrutural, uma "duplicidade" da sua constituição entre duas representações opostas – uma achando naturalmente por onde se transferir para o campo da "doença"; a outra, para o campo da "arte". Uma carregada "pejorativamente" de desamparo, de alienação, de perigo; convocando, no seu interlocutor, um desejo singular de "cuidar" daquele que dela é vítima, num impulso salvador que convoca, tanto quanto revoga, um trabalho de decifração científica e de compreensão teórica. A outra, ao contrário, marcada por uma "aura" sagrada, profética, que deixa perplexo aquele que é sua testemunha; que nele induz uma atitude religiosa de admiração ou de aversão, de cumplicidade ou de maldição...

É necessário, portanto, reunir essas representações, arrancá-las da clivagem que as neutraliza mutuamente. A postura do psicopatologista, ao contrário da do artista, cega para o valor "trágico" que o sujeito doente atribui a essas produções psíquicas "sobrenaturais" que são a ideia delirante, a alucinação, a influência ou, mais simplesmente, a falta de medida narcísica. Então, o paciente sente necessariamente o interesse dirigido a ele pelo cuidador como sendo "uma penetração do seu espírito por uma inteligência externa", como afirma Antonin Artaud. A "fuga" para a qual ele se inclina incessantemente frente à situação de cuidado, em geral – à situação psicanalítica, em particular –, retira apenas uma parte da sua determinação do horror que a estranheza das suas produções psíquicas lhe inspira. A outra parte vem, sem dúvida, do fato de que a "regressão" psíquica faça com que ele atinja as zonas mais primitivas e mais profundas da alma, o que vale para ele como uma "viagem" iniciática – daí o outro, o sujeito normal, lhe surgir doravante como "estrangeiro" absoluto. Essa é a "crença" à qual o sujeito psicótico adere e que o faz fugir menos da pessoa do seu cuidador do que propriamente da "sua tentativa de encerrar a sua consciência em preceitos ou fórmulas".

É claro que não é o caso de aderirmos a essa crença, mas de diferenciarmos o "fato" do sobrenatural, que o pensamento científico exclui de sua investigação, do "sentimento" do sobrenatural, cuja existência a observação nos impõe. Ele manifesta indiretamente a radicalidade do conflito psíquico e da regressão de que a psicose é o produto. Pois é uma grande parte do seu eu que, graças ao processo psicótico, assume para o sujeito essa figura – em relação à qual nada pode ser mais fantástico – de um "estrangeiro de dentro". Por mais imposta que seja, essa alienação da identidade deve ser reivindicada para continuar compatível com a sobrevivência: o sentimento trágico do sobrenatural obedece a essa exigência.

146   O FEITIÇO DA IMAGEM

A presença oculta – ou, ao contrário, manifesta – da ideia de sobrenatural talvez seja aquilo que especifica melhor as situações psicóticas no campo das psiconeuroses. Ela seria também aquilo que funda certa crença na irreversibilidade do processo psicótico, ao mesmo tempo que, em vista dos mecanismos psíquicos que ali operam, nada pode fazer logicamente obstáculo a isso.

Importa integrar, aos nossos conhecimentos clínicos e teóricos, o saber que, espontaneamente, os poetas e os artistas em geral têm da psicose e da melancolia. Mas não com o argumento frequentemente aventado por Freud e entediantemente repetido desde então, segundo o qual, graças à sua sensibilidade exacerbada, o artista dispõe de uma intuição que o coloca imediatamente em contato com as profundezas da alma humana – profundezas que a pesquisa psicanalítica só pode acessar ao cabo de um longo e penoso labor... Não se trata nem de se afiliar à genialidade nem de aderir a um pensamento mágico no qual a verdade seria dada como uma revelação.

O argumento que justifica o recurso a uma estética da psicose se deslocará para a seguinte ideia: para conduzir à "manifestação", as representações e as emoções que os afetam – uns no processo criativo, outros nos processos psicóticos –, artistas e doentes são compelidos a recorrer a modos de expressão inusitados, primitivos – estrangeiros, em todo caso, à linguagem ordinária dos homens. Uma experiência comum aproxima, até certo ponto, esses doentes e os criadores, a obra e a loucura. Eles apelam para tudo o que, na sensorialidade psíquica, pode contribuir para a comunicação com outrem; tudo o que pode constituir signo e servir de referência a formações desconhecidas. Gestualidade, posturas corporais, visão e vocalidade são por eles metodicamente exploradas a fim de constituir imagem para o outro daquilo que eles experimentam em zonas da sua psique em que a moeda corrente não é a das palavras, mas a das imagens. Em resumo, artistas e doentes têm em comum o uso de uma expressividade singular que, a partir da língua racional a que nos atemos ordinariamente, permanece, em grande parte, estrangeira e indecifrável para nós.

Entre os milhares de ocorrências em que salta aos olhos que aquilo que o artista nos transmite em termos de verdade da alma humana não pode justamente se dizer – a não ser no desfraldamento de imagens motoras, plásticas ou sonoras que é o próprio movimento da obra – tomemos um único exemplo: *Hamlet*, ato 2, cena 1.[4] O herói epônimo defrontou a visão do espectro do rei, seu pai – esse "objeto perdido", cuja morte ele recusa e que lhe retorna pela alucinação, no assombro e no arrebatamento. Diante dessa provação, o espírito de Hamlet se partiu, como testemunha a postura, mesclando indiferentemente fanfarrice e querulência que dali em diante ele adota. Mas estejamos atentos sobretudo ao "segredo" no qual ele quer que seja conservada a "aparição", porque é possível que esse segredo seja menos estratégico do que ele afirma; que ele resulte da clivagem pela qual trata a sua percepção da realidade alucinante: ele a reconhece e quer ignorá-la; viu o espectro e nega sua percepção, opondo-lhe aquilo que Rabelais chamava de "uma ciência sem consciência".

Apenas a um ser – ao qual vincula um amor nascente que a morte de seu pai vai congelar pela raiz – Hamlet é compelido, no entanto, a revelar esse segredo. É a essa confidência que quero retornar, porque o poeta e dramaturgo supremo que é Shakespeare faz surgir, em sua pureza e sua literalidade, a expressividade prodigiosa que, por trás da desorganização aparente, organiza a loucura.

---

4 Referimo-nos à tradução de origem, In Shakespeare, *Œuvres complètes*, II, Blibliothèque de la Pléiade, Gallimard, 1959. [Em português, a tradução utilizada é a de Millôr Fernandes (L&PM, 1997; trad. modificada). [N.T.]]

148   O FEITIÇO DA IMAGEM

Somos informados dessa confidência pelo relato que Ofélia faz a
Polônio, seu pai:

> *Oh, meu senhor, meu senhor, que medo eu tive! [...]*
> *Bom senhor, eu estava costurando no meu quarto*
> *quando o príncipe Hamlet me surgiu com o gibão*
> *todo aberto, sem chapéu na cabeça, os cabelos desfei-*
> *tos, as meias sujas, sem ligas, caídas pelos tornozelos,*
> *branco como a camisa que vestia, os joelhos batendo*
> *um contra o outro, e o olhar apavorado de quem foi*
> *solto do inferno pra vir contar cá em cima os horrores*
> *que viu. [...] Me pegou pelo pulso e me apertou com*
> *força. Depois se afastou à distância de um braço e,*
> *com a outra mão na fronte, ficou olhando meu rosto com*
> *intensidade como se quisesse gravá-lo. Ficou assim*
> *muito tempo. Por fim, sacudindo meu braço, e balan-*
> *çando três vezes a cabeça, soltou um suspiro tão dolo-*
> *roso e fundo que eu temi pudesse exaurir seu corpo,*
> *fosse o último suspiro. E aí, me soltou; com a cabeça*
> *virada pra trás foi andando pra frente, como um cego,*
> *Atravessando a porta sem olhar, os olhos fixos em*
> *mim até o fim.*

A gestualidade pela qual Hamlet se expressou – estamos numa
cena teatral – nos reconduz ao testemunho de Ofélia, que transfere, em seu relato ao pai, à medida que ela o traduz, e que mostra,
à medida que ela diz, a experiência pela qual seu "amante" a fez
passar. O que Polônio confirma na interpretação inocente que faz
da loucura de Hamlet, como "loucura de amor". O que ela bem é,
aliás, contanto que se precise que, com a perda do seu rei e sua
entrada num processo melancólico, agora esse amor regrediu de

uma escolha objetal por uma mulher, Ofélia, a uma escolha narcísica e homossexual por um objeto edipiano, seu pai.

Nessa confidência, o reconhecimento disputa com a renegação. As imagens gestuais que tecem a cena pela qual Hamlet expõe a Ofélia os seus terrores – e que lembram muitíssimo as "crises" que Freud descreve em algumas das suas pacientes nos *Estudos sobre histeria* – são a repetição ou a reprodução por transferência, sem nenhuma tradução verbal, daquilo que ele próprio provou quando da aparição do espectro. Elas são seu reconhecimento disfarçado: Hamlet é, de fato, impotente em termos de pôr fim a um segredo que lhe é imposto, ainda que o reivindique como um ato voluntário. Mas Ofélia desvelará ter entendido perfeitamente o seu teor quando, afundando por sua vez na loucura, adotará uma expressividade análoga à do amado e reproduzirá, mimeticamente, o seu recuo em relação ao mundo, a sua dor e a sua ironia doentia: "Dizem que a coruja era filha de um padeiro. Senhor, nós sabemos o que somos, mas não o que seremos [...]".

Contudo, ao reduzir sua confiança a essa gestualidade de imagens, Hamlet economiza o reconhecimento daquilo que provou quando da aparição do espectro. É aqui que entra em jogo a dimensão da renegação que é, de fato, uma dupla renegação. É preciso estar atento à potência e à eficiência quase física dessas expressividades arcaicas. As imagens gestuais desfraldadas nessa cena têm incontestavelmente um "alcance comunicativo", o mesmo que nos permite, com Ofélia, decifrar parcialmente a sua significação, a ponto de nos forçar a aventar o conceito de uma "linguagem de imagem", em analogia e oposição à "linguagem verbal": a alucinação da qual o herói fora vítima, o transtorno psíquico que resultou disso encontram por onde se transmitir a um outro, apesar da sua estranheza e da sua violência.

Mas elas também misturaram indissociavelmente à primeira um "alcance transformador". Hamlet compele Ofélia, a partir de

150 O FEITIÇO DA IMAGEM

uma gestualidade corporal abundante, extravagante, que faz com que ele se torne o espectro alucinado e ela, autora da alucinação, o seu *alter ego*. Ele a compele a "viver" o assombro que fora o seu e a conduz a uma forma de despersonalização. A "doce loucura" de Ofélia eclodirá, como réplica à "amarga loucura" de Hamlet, quando aos efeitos traumáticos dessa cena se acrescentará, ulteriormente, a morte de seu próprio pai.

Essa influência, ou mando, inconsciente que Hamlet exerce sobre Ofélia não tem nada de gratuito: ela lhe traz o apaziguamento de uma "repersonalização", livra-o parcialmente da alienação em que a aparição do espectro o havia aprisionado. Uma transformação psíquica como essa compete a uma operação projetiva por deslocamento do afeto do assombro dele para ela. Este se redobra com o deslocamento da representação de uma feminilidade vergonhosa – posto que "violada" pela própria visão do espectro, da "subjetividade" do autor da fantasia – para a "imagem" atribuída ao seu objeto. A arte da dramaturgia encontraria especificamente as vias de expressividade nas quais se desenrola o comércio inconsciente entre os seres que se amam, cada qual servindo alternativamente ao outro como "espelho" ou como "contraste" – o mais amoroso adotando, no olhar do outro, a posição que este não quer ou não pode adotar.

A representação da "mulher puta" que, pela sua recorrência, assombra essa tragédia permanece bastante significativa por seu conteúdo dramático. A morte de seu pai não se reduz, para Hamlet, a uma perda de objeto – o que teria tornado seu luto possível. Ela é traumática pela transformação inaudita com a qual ela abala a sua organização psíquica, defrontando-a com a ressexualização de uma libido homossexual em vias de renúncia ou de sublimação, a uma alteração da sua identidade sexuada. O desprezo ao qual ele relegará Ofélia dali em diante, e que substituirá o amor que tinha por ela, concerne à representação projetada nela de uma "feminilidade do homem", marcada com a chancela da passividade e da ameaça de castração; feminilidade vergonhosa, inconciliável com as camadas psíquicas superiores onde a língua opera, e que está, então, condenada à imagem. Uma outra forma de renegação ainda intervém nessa cena patética: pelas imagens da gestualidade, Hamlet exibe a Ofélia o quanto um novo objeto de amor o ocupa: seu pai. Ele lhe denota, com isso, a ruptura da relação...

***

A ameaça de castração, por si só, não produz necessariamente muito impacto; a criança recusa-se a acreditar nisso, ela não chega facilmente a representar para si uma separação com essa parte do corpo tão estimada quanto possível. Ao ver genitais femininos, a criança teria podido se convencer de uma possibilidade como essa; mas a criança ainda não havia tirado essa conclusão, porque sua repugnância contra isso era grande demais... A consequência habitual, considerada normal, do assombro de castração é que o menino ceda à ameaça... Mas acreditamos justamente que esse nosso paciente tenha sabido se virar de outra forma. Ele criou para si um substituto para o pênis da mulher, procurado em vão: um fetiche. Assim, negou a realidade, mas salvaguardou seu próprio pênis... Esse ato do nosso paciente nos impressiona na medida em que constitui uma forma de se desviar da realidade – processo que reservaríamos, habitualmente, à psicose. Isso não difere muito [...]. O menino não contradisse simplesmente a sua percepção, alucinou um pênis ali onde

152 O FEITIÇO DA IMAGEM

não se podia ver; ele procedeu unicamente a um deslocamento de valor, transferiu a significação do pênis para outra parte do corpo [...].

O masoquista goza, também ele, do furor dirigido a sua própria pessoa; o exibicionista partilha do gozo daquele que o assiste se desnudando [...]. O sadismo consiste numa atividade de violência [...] de encontro a uma outra pessoa tomada como objeto. Esse objeto é abandonado e substituído pela própria pessoa [...]. De novo é buscada como objeto uma pessoa estranha que, em razão da transformação de alvo ocorrida, deve assumir o papel do sujeito. A pulsão escópica, no início da sua atividade autoerótica, tem justamente um objeto – mas ela o encontra no corpo próprio. É só mais tarde que ela é levada, pela via da comparação, a trocar esse objeto por um objeto análogo do corpo estranho. O estágio preliminar da pulsão escópica, durante o qual o prazer de olhar tem como objeto o corpo próprio, pertence ao narcisismo, é uma formação narcísica. A partir dela, a pulsão escópica ativa se desenvolve, abandonando o narcisismo; mas a pulsão escópica passiva, por sua vez, manteria o objeto narcísico [...].

Apesar da extensão, essas citações se impõem. Teremos reconhecido a "colagem" de excertos de dois textos freudianos cujas redações são muitíssimo apartadas no tempo; e as representações-alvo, no plano conceitual, muito diferentes. Um é um texto clínico e teórico, o último que Freud escreveu – um adendo a "A análise do homem dos lobos". Ele se intitula "A clivagem do eu no processo de defesa". O outro é um ensaio metapsicológico, "Pulsões e destinos de pulsões". Vemos, por meio deles, a importância considerável que

Freud atribui ao olhar, à visão e aos seus atributos, na atividade psíquica ordinária; tanto nas etapas primitivas da organização psíquica – com a instauração da subjetividade que implica um tipo de bipartição entre eu e objeto – quanto, mais tardiamente, quando da sua necessária reorganização sob o efeito desse acontecimento maior e universal que é o reconhecimento da diferença dos sexos – acontecimento sempre dramático, mas que assume, para o garoto, o feitio de um pequeno sismo.

> *O menino não contradisse simplesmente a sua percepção, alucinou um pênis ali onde não se podia ver; ele procedeu unicamente a um deslocamento de valor, transferiu a significação do pênis para outra parte do corpo [...].*
>
> *A pulsão escópica, no início da sua atividade autoerótica, tem justamente um objeto – mas ela o encontra no próprio corpo. É só mais tarde que ela é levada, pela via da comparação, a trocar esse objeto por um objeto análogo do corpo estranho [...].*

Nesses momentos "críticos" da atividade psíquica ordinária, produz-se o seguinte: a percepção operada pelo olhar tem o poder de se refletir no corpo daquele que olha; ela tem o poder de edificar, por meio de um jogo de imagem, a representação que ele faz para si do seu "eu próprio". Inversamente, esse mesmo olhar tem o poder de deslocar a imagem do próprio eu para o objeto estranho, de lhe atribuir, por transferência, o valor narcísico fálico que não pode atribuir ao próprio eu.

A percepção, "a visão", não é aqui simples aparelho sensorial; a serviço das exigências pulsionais, ela se erige como ferramenta de "troca" entre eu e objeto, construindo solidariamente realidade

154 O FEITIÇO DA IMAGEM

interna e realidade externa. Ela é, no mesmo movimento, também leitura, escrita e fantasia, e mundo. Ela dá sinal dessas categorias opostas à medida que as significa. Ela as designa ao mesmo tempo em que as instrui. A força de expressividade do olhar e das imagens que ele produz não pode ser desatrelada da sua função transformadora.

Olhar dirigido para o outro, depois refletido sobre si; olhar sobre si se refletindo no outro e infletindo sua imagem; indissociação da percepção e da representação, do visual e do visionário... Essa problemática psíquica da "visão" – para privilegiar essa palavra de Freud – permanece, no entanto, bem mal representada pelo termo "imagem", desde que o sentido comum o restringe à bipolaridade do visível e do invisível. Seria antes a "sensorialidade do corpo", tão difusa e polimorfa, do que a psique, por derivação, que alimentaria o seu curso para fazer disso o estofo de um pensamento "primeiro". Um pensamento que se pensa a si mesmo, que pensa o outro: sem dúvida alguma é isso, para Freud. Mas esse talvez já seja um pensamento de si para o outro, um pensamento cujo pendor é permutar-se, se ainda não for o de se endereçar – um co-pensamento, para retomar esse termo forte de Daniel Widlöcher.[5] Um pensamento que seria a matriz mais originária do laço intersubjetivo e que a transferência manifesta de forma paradigmática.

Desse pensamento, no fundo, uma única coisa é certa: ele permanece alheio à língua, ainda que esta já coexista com ele. Conceber que ele é "uma língua sem palavras" – como Supervielle diz da "língua dos mortos" – não seria justo. Não mais que conceber que ele seja um pensamento "sob" as palavras ou "aquém" das palavras. Ele é um sistema perfeitamente independente e autossuficiente que gera seus próprios valores, sua própria lei, suas realizações e seus

---

5 *Métapsychologie du sens*, Presses Universitaires de France, 1986.

interdito. Ele tenderia, no máximo, pelo desconforto e a alienação ao mundo em que ele atém o sujeito, a uma transubstanciação num logos mais bem adaptado à civilização e ao governo da natureza. No máximo, ele convoca sua conversão num sistema linguístico, como afirmou Benveniste com a maior clareza.

Mas a importância, para nós, de levar em conta e explorar esse pensamento – na medida em que ele é a própria substância de certo funcionamento do aparelho psíquico – deve-se ao fato de que o seu conteúdo não é traduzível para o sistema da língua, que ele é apenas transferível para lá. Para que essa transferência se dê, é preciso que esse pensamento tenha, no laço com o outro, encontrado por onde se desfraldar em toda a sua extensão; por onde desvelar todas as suas figuras, toda a sua sintaxe, todos os seus roteiros fantasísticos. É preciso que essas imagens tenham sido vistas – essa indecidível visualidade de que eu falava há pouco – por um outro e que, por essa troca, ganhem corpo e significação. Como fez Ofélia seguindo, imagem após imagem, a patética e misteriosa coreografia realizada por Hamlet e lendo com "os olhos do espírito", *the mind's eyes*, as moções de dor, de assombro e a despersonalização que o infeliz, por fim, confessava e reconhecia...

***

Freud é, portanto, muito explícito quanto à realidade desse pensamento em imagem que constitui, de forma exclusiva, a matéria de certos estados do funcionamento psíquico. Mas observemos que ele não concedeu o devido desenvolvimento ao seu papel no trabalho psíquico e na comunicação de si para o outro. Em todo caso, não concedeu o mesmo desenvolvimento que aquele atribuído, por exemplo, ao inconsciente, à sexualidade ou às instâncias psíquicas; e até mesmo às representações de palavras, às quais consagrou uma parte de *A interpretação dos sonhos* e a importante obra *O chiste e sua relação com o inconsciente*.

156 O FEITIÇO DA IMAGEM

Dirão que ele reconheceu essa realidade mais do que a descobriu, ou ainda que, conforme o que a percepção dessa realidade psíquica tem de ofensivo para a razão, ele a reconheceu e ignorou. Ele
tampouco a desenvolveu em sua dimensão técnica; não explorou,
por exemplo, a forma com que esse pensamento em imagem vem
habitar a transferência, nem o destino para o qual a transferência
pode infleti-lo. Quando muito, insinua algo disso ao convocar o analista à "paciência", que ele qualifica com a mesma alcunha de "feiti-
ceira" atribuída à metapsicologia – esse modo de pensamento tão
particular que, paradoxalmente em sua própria abstração, seria a
ferramenta visionária dessa realidade. Restringiu o reconhecimento
e o alcance no conceito tão condensado, tão irritante porque tão
enigmático, de "representação de coisa".

Acaso não é essa herança freudiana que, graças a situações psicóticas, seria preciso retomar e desenvolver? – superando a aversão
necessariamente induzida em nós por esse modo de feitiçaria que
se atém à intenção de tornar visível o invisível, de tornar audível o
visual. Como é que se atualiza, no cuidado psíquico, essa troca de
imagens, em que consiste, originariamente, a transferência? Como
é que o cuidador participa, com sua pessoa, desse jogo de espelho
e de reflexo requerido por certas operações psíquicas? E também
de que é feita essa imagem psíquica das profundezas que jamais
poderíamos abordar, a não ser lateralmente, em não se subtraindo
ao procedimento sempre suspeito, sempre vertiginoso da metáfora. O que Pierre Fédida resume magnificamente:

> *Diferentemente das representações trazidas pela fala
> diurna, na medida em que esta está a serviço do
> comércio dos homens entre si, o sonho é feito de ima-
> gens cuja sensorialidade visual é sonora. Como se a
> sonoridade fosse a intensidade sensorial do visual da*

imagem, de modo que a imagem seja pateticamente vivida no presente.[6]

A clínica sempre "patética" da psicose não pode estar ausente da nossa reflexão, e não somente por fazer contrapeso às referências estéticas às quais recorremos: antes de mais nada, por aproximar a experiência psicopatológica da experiência estética em que tende a se difratar a legibilidade do processo psicótico.

Esse paciente é melancólico. Se, por um lado, apareceram claramente as causas "reais" do seu desmoronamento, ainda não sabemos nada das razões "estruturais" que determinaram sua entrada num processo como esse. Ele investe muito em sua análise; sua presença ali é bem forte, mas, porque todo o seu funcionamento psíquico se fechou numa atividade de imagem, ele fala pouco, raramente. E me convoca a privilegiar uma presença nele, mais viva por estar muda; uma escuta dos seus silêncios e uma escuta das construções suscitadas, em mim, pela exposição visual da sua aniquilação, da sua dor e do prazer necessariamente complacente que ele encontra ali, visto que os seus sintomas são, doravante, a sua única sexualidade.

Na sessão de que quero falar, produziu-se um acontecimento mais vivo do que de costume. Ele chega quinze minutos atrasado e explica que estava num café ali embaixo, pensando que dispunha de meia hora para ler seu jornal – já que eram quinze para as três e sua

---

6 Pierre Fédida, "L'Objeu". In *L'Absence*, Coll. "Connaissance de l'inconscient", Gallimard, 1978.

158   O FEITIÇO DA IMAGEM

sessão era às três e quinze –; daí, que às três horas ele se deu conta do erro, uma vez que sua sessão era, de fato, às quinze para as três. Depois se calou por muito tempo. Daí diz que faz quinze dias que um verso fica lhe voltando repetitivamente à cabeça, como um ritornelo, e o cita: "O olho estava na tumba e mirava Caim".[7] Depois voltou ao silêncio.

Foi preciso certo tempo para que eu tivesse comigo que havia necessariamente um laço entre esse pensamento obsedante e seu ato falho. Geralmente, preciso de mais analogia para enunciar uma interpretação, mas pensei que a continuidade nas suas associações estava se dando e que a raridade da expressão verbal a tornava preciosa demais para deixar algo escapar. Disse a ele, então, que "talvez ele estivesse pensando nesse verso quando esqueceu a hora da sessão". Como de costume, essa interpretação lhe pareceu equivocada. Aliás, aí está um traço comum próprio a todos os pacientes empenhados nessas patologias pesadas. Eles desconfiam da interpretação, com a suspeita de ser perigosa. Protestou, então, dizendo que "não via de onde eu estava tirando aquela ideia, que esse ritornelo já dura quinze dias ao passo que o acontecimento do café se deu fazia cinco minutos".

Daí calou-se novamente, mas seu silêncio ficou diferente; fez-se mais cerrado, defensivo, hostil. Sua postura também mudou, retesou-se e, sobretudo, fixou o olhar em mim com uma intensidade, uma insistência,

---

7   Verso que encerra o poema "A consciência", de Victor Hugo. [N.T.]

um despudor nada habitual para aquele homem cortês e elegante. Não procurei sustentar esse olhar, estando ali apenas para escutá-lo, mas cada vez que punha os olhos nele, encontrava-o novamente. Tive comigo, então, que estávamos exatamente na situação que Freud descreve em "Luto e melancolia": nesse movimento em que o eu, incapaz de abandonar o objeto perdido, toma-o para ele, faz dele a sua sombra, um outro si-mesmo, mantendo-o assaz à distância para "notificar-lhe" o ódio e a crítica que lhe consagra. Tive comigo que era essa figura metapsicológica que se desfraldava nessa teatralidade secreta da transferência, que se colocava em cena, em imagem, por meio da sua pessoa e da minha. Mas não considerei uma boa ideia enunciar para ele algo disso porque, na falta de se amparar noutros indícios, isso teria sido não uma interpretação, mas uma sugestão.

Ficamos assim por um bom tempo, daí ele diz ainda que nunca havia notado que, no quadro pendurado acima da minha poltrona, e que, portanto, fica de frente para ele – um motivo abstrato onde duas massas claras, alongadas, distinguem-se de um fundo escuro –, podiam ser vistas as Torres Gêmeas. Acrescentando que ele sempre havia pensado que, na mitologia coletiva, a catástrofe do onze de setembro tinha sido objeto de uma estetização; que se havia atribuído a esse acontecimento, embora dramático, um "poder gozoso". Eu disse, então, que talvez fosse o mesmo poder gozoso... o olho na sepultura, olhando Caim. Não pensei em segurar essa intervenção, vinda menos

160   O FEITIÇO DA IMAGEM

de mim que do papel que encarno na posição que ele me atribui – e que o surpreendeu e, evidentemente, o aliviou. Reagiu a isso, no entanto, com a costumeira ambivalência; disse que isso soava bem justo, que era muito interessante; depois, que era preciso que ele pensasse sobre isso, que ele tomasse um tempo para saber se devia aceitá-lo.

De minha parte, pensei que a interpretação dada por mim apenas ecoava uma transformação produzida nele – a reversão num pensamento verbal do conteúdo de um pensamento em imagem. Alguns pacientes interrompem bruscamente sua análise; outros a evitam com medo de que o cuidador, privilegiando demais uma prática do discurso, negligenciando demais a importância da copresença e do copensamento no ato analítico, não lhe conceda o tempo e o espaço necessários a esse desfraldamento da imagem e à sua transubstanciação.

8. Suficiência da obra de arte

A obra de arte, a "obra" à qual, uma vez encontrada, retorna-se incessantemente por meio do pensamento – que se carrega em si mesmo ou que carrega o si-mesmo –, tira a sua potência da sua suficiência absoluta. "Suficiência" é uma palavra ambígua. Muitas das suas acepções no plano psicológico são pejorativas quando designam "posturas" do ser. Elas testemunham que, numa inversão patética, é negada a ameaça de aniquilação que esse ser carrega em si mesmo. A suficiência tem lá suas diferenças com a morte, ela a anuncia tanto quanto a contém. É por isso que os seres suficientes suscitam imediatamente tanta aversão. Não é o seu sentimento de superioridade que nos faz rejeitá-los. É a percepção, sob o manto da arrogância, da silhueta furtiva da "ceifadora". Um narcisismo ordinário faz com que nos afastemos disso como de um foco de contaminação. É bem possível que a ruptura com o seu correspondente humano, assim induzida pelo ser em desamparo, seja uma das peças-mestras da empreitada autodestrutiva.

A suficiência da obra de arte não escapa a essa iminência da morte; está até mesmo numa filiação ainda mais estreita com ela.

162 SUFICIÊNCIA DA OBRA DE ARTE

Mas o tratamento que ela lhe dá está em oposição radical com uma postura. Ela faz "entregar a alma" à obra da morte e transfere a destruição que é a sua força e a sua matéria para o movimento infinito de uma construção formal. Ela desloca – quem sabe um fio – e transfigura – quem sabe um traço – as condições nativamente restritas do destino humano. A grande obra que obra na obra de arte cria para o homem um lugar que não compete mais ao espaço e um curso que rompeu todo apego com a escansão da morte. Como o do rio entre nascente e foz, seu ritmo é o escoamento infinito de uma substância sempre a mesma.

Atopia e acronia da obra fascinam o eu que sofre com as incertezas e precariedades de um narcisismo comum. Ela não se contenta com cumular o poder transgressivo próprio a essas duas qualidades, com estar fora do espaço e com se desenrolar fora do tempo. Ela os coloca um sobre o outro, como duas mãos que se juntam no gesto de um "amor louco", reivindicando intrepidamente para si a eternidade. Ela engendra um pedaço de realidade que se define, primeiro, como uma unidade nova em que a *existência* toma forma, em que a *vida* se desfralda, plena de todas as forças e de todas as formas necessárias para animá-la.

A unidade que dá, como razão última, à obra de arte a sua suficiência é o que, em primeira instância, fascina aquele que a contempla, pela razão muito verossimilhante que ele descobre, no momento da sua contemplação, as vias da sua própria unificação. É por isso que nos absorvemos nisso, nos confundindo com ela, confundindo-a conosco. Vejam o afresco de Michelangelo, na Capela Sistina, na cena dita *A criação de Adão*: na mão estendida de Deus, de onde vai desabrochar o primeiro homem, captura-nos a emoção de descobrir o gesto da nossa própria autorrepresentação narcísica. O próprio gesto pelo qual, nos instantes decisivos da nossa existência, marcados pela surpresa de um brotar do escuro, nós nos expomos ao mundo e concordamos com que ele se imponha a nós.

A unidade da obra de arte é aquilo graças a que existimos, num lugar cujo fechamento nos contém sem nos limitar; onde pisamos um solo no qual a marcha se confunde com o voo. Ela é aquilo graças a que habitamos um tempo que ri das categorias do presente-passado-futuro; que conhece apenas a experiência, essa provação absoluta, efêmera em sua duração, eterna pela presença que nos oferece e a nova unificação que nos concede.

A obra de arte é, portanto, única pela nova unidade de vida que ela sabe criar e pelo poder de nos unificar que descobrimos ao contemplá-la. Então retornamos a isso incessantemente. A obra de um grande artista pode se desfraldar por meio de uma produção intensa, onde quadros, poemas, sinfonias sucedem-se como tantas variantes da sua inspiração. Contudo, é a essa peça particular que, singular e obstinadamente, vinculamos o nosso destino. A *Sonata de Vinteuil* e, depois, a partitura de *Tristão* de Richard Wagner impõem-se ao espírito de Marcel Proust frente ao dilaceramento interior provocado nele pela suspeita de uma infidelidade de Albertine. A *Vista de Delft* lhe volta à memória quando, antecipando a sua própria, lhe vêm a notícia da morte desse duplo fictício que Bergotte é para ele. O escritor carrega em si essas obras como objetos muito preciosos ao quais, em momentos de profundo desarranjo e como último recurso perante o desmoronamento, ele pode identificar o seu eu vacilante. E Delacroix, numa época em que dominou perfeitamente a sua arte, pinta um *Mise au tombeau*[1] "segundo Ticiano", como se, no cerne de uma criação singular e singularmente inovadora, o recurso – e o retorno – a uma obra já criada se mostrasse uma necessidade identificatória imperiosa do eu do artista.

Assim como de todos os artistas que adoramos, e independentemente da força estética objetiva de suas obras, é somente a um ou

---

1 Em espanhol, *El entierro de Cristo*. O quadro de Ticiano que serviu de inspiração a este é chamado, em português, de *Enterro de Cristo*. [N.T.]

164 SUFICIÊNCIA DA OBRA DE ARTE

a alguns deles que atrelamos o que há de mais apaixonado em nossa relação com a arte, também é somente a uma ou a algumas das suas obras que nos identificamos o suficiente para empenhar com elas uma ligação tal que se torne, dali em diante, um lugar de vida – no qual o nosso eu deposita, como que num cofre indestrutível, os segredos da sua identidade.

***

Ao pintor Henri Rousseau, porque era funcionário de aduana, deram o apelido de "Alfandegário Rousseau". Injustamente, é claro, se nos referirmos à espessura de sua obra, à pregnância dos seus motes, à sua "ingenuidade" sabiamente construída. André Breton não se deixou enganar; ele que fez com que fosse comprado, por Jacques Doucet, seu mecenas, o quadro – comovente e profundamente órfico – intitulado *A encantadora de serpentes*. Mas não sem justeza, contudo, caso se acate entender, no prosaísmo da palavra "alfandegário", o mistério matizado de assombro contido pelas evocações, por ele convocadas, das fronteiras e das suas passagens.

É justamente, com efeito, uma fronteira que a contemplação da pintura de Rousseau nos faz atravessar. Não mais que outra, decerto. Toda "grande" pintura, assim como toda obra de arte "forte", leva o seu contemplador, contanto que ele não resista, para além da realidade imediata, ainda que eventualmente – e sempre de modo irônico – ela reprove a *mimesis*. E por sua simples percepção, ela o leva à apreensão visionária das figuras, invisíveis, e dos cenários, sem representação, que assombram o mundo inconsciente do ser humano. Não mais que outra, portanto, mas – digamos – mais manifestadamente.

Para dar corpo a essas figuras, sem nada perder da estrangeiridade que é sua própria essência, Rousseau não recorre, como seus predecessores ou seus contemporâneos, à representação indireta que consiste em transpor, na matéria perceptiva neutra e abundante que o mundo ambiente nos oferece, os valores e significações insurrecionais que jazem nas formações inconscientes. Ele tampouco procede, como os pintores abstratos que lhe sucederão, traduzindo pela estranheza das "formas" picturais a estrangeiridade fantasística – irredutível ao eu – das figuras inconscientes. A maneira ingênua de que Rousseau se vale, com genialidade, consiste em fazer emergir a estrangeiridade inconsciente – da qual ele revela, com isso, não ser, no fim das contas, feita de nada além da mais crua e violenta das nudezes –, recobrindo-a com o véu transparente da fanfarrice.

Até que ponto é legítimo analisar uma obra quando – aos moldes de uma dissecção anatômica que descobre, por trás da comovente beleza do corpo humano, a sangrenta maquinaria dos músculos, dos vasos e dos nervos – essa análise reclama fazer com que apareça, por trás da representação que o quadro nos dá a ver – como o poema, a escutar – um outro conteúdo, alheio àquilo que está imediatamente manifestado ali? Como reivindicar ainda que é precisamente da presença desse conteúdo "latente" – no sentido em que a imagem manifesta o descasca, como a uma pele, pela simples percepção – que a obra ganha corpo, vida e força de atração? Até que ponto é legítimo "fazer a obra falar" para além do que ela diz explicitamente?

"O encontro" da obra com seu espectador exige esse recurso à interpretação. Pois é só com essa condição que a obra encontra por onde se incarnar, desfraldar sua profundidade e sua complexidade, desvelar sua polissemia. Olho um quadro, escuto uma sinfonia, leio um poema. Um laço se estabelece deles comigo como testemunha a emoção que me invade. A obra me penetra; ela abre em mim um espaço, mas que não coincide com seu próprio espaço – e que não se confunde, tampouco, com o meu espaço em mim. A obra me atrai para ela tanto quanto a interiorizo; nós nos deportamos mutuamente para um espaço novo que é o espaço do encontro –

166 SUFICIÊNCIA DA OBRA DE ARTE

do qual seríamos apenas, um e outro, os limites. As palavras do poema, mesmo se sua inteligência me for imediatamente acessível, permanecem tão longínquas para mim quanto a margem de um rio do qual seria a margem oposta. Elas jamais se tornarão, aliás, palavras minhas – e se mensura a grandeza da obra pela resistência que ela opõe a toda e qualquer apropriação –; permanecerão palavras alheias, "signos do estrangeiro", os índices de uma realidade misteriosa na qual escuto confusamente o mistério da minha própria realidade. Então o meu eu, sempre tão indeciso no conhecimento dos seus limites, empenha com o corpo da obra um diálogo do qual espera que trespasse – parcialmente – o mistério que nos é comum.

Digamos claramente: a obra constituiu, a meu ver, o objeto de uma transferência. E é essa transferência que funda – e proponho agora que mudemos de terminologia – não o espaço do encontro, mas o "solo" verdadeiramente novo do encontro. Nesse solo, a obra ganha realidade – como ganha realidade aquilo do meu eu que permanece desconhecido a si mesmo também. A percepção, seja ela a da audição ou do olhar, é doravante substituída por um discurso. É o que tenho comigo quanto à obra que me permite penetrar seus bastidores. A interpretação da obra de arte não é mais, então, nem um comentário nem uma glosa. Seu hermetismo convoca o meu discurso tanto quanto o entrava. E, inversamente, o meu discurso, furtando-se a esse hermetismo da obra – e antes mesmo de poder discernir seu alcance exato –, procede ao reconhecimento da pluralidade dos discursos sustentados pela obra. Seu conteúdo manifesto condensou sabiamente essa polissemia, elevando assim a imagem pictural, a sonoridade sinfônica ou a fala poética à categoria estética do belo.

Beleza e verdade muito frequentemente andam juntas, talvez sempre. Essas duas qualidades – que concorrem de comum acordo para a grandeza da obra – são, contudo, diferentes demais para que não tentemos isolar seu teor. A beleza nasce com a consumação da obra. Ela procede da sua harmonia. Não somente da harmonia formal que reina entre as suas partes, suas linhas, seus planos, suas cores e seus sons, mas também, e sobretudo, do equilíbrio que o artista soube instalar entre aquilo que ele nos dá a ver ou a escutar – os perceptos que a obra manifesta nos impõe – e os discursos múltiplos – que são também mensagens do inconsciente – que vêm se representar aí; uma harmonia discursiva, portanto, entre significações abertas e significações ocultas, entre poder de revelação e força de disfarce da expressão.

A verdade pertence, ao contrário, à obra que está se fazendo, ao seu movimento criador que a obra já consumada não faz desaparecer absolutamente, visto que é com essa condição que ela atinge o estatuto de "grande obra". É, com efeito, esse próprio movimento que, em minha contemplação da obra, pela minha transferência com a obra, procuro fazer reviver, reatualizar, isolando da sua condensação cada um dos pensamentos singulares que inspiraram, inconscientemente, o artista e compeliram-no à escolha por esse motivo – e cada uma das expressões que, articuladas num fraseado original, fazem da obra um ser tão único, que o "nomeamos". A verdade mais está na obra, do que é da obra. Ela repousa, adormecida, em cada pensamento que a constitui.

***

Foi assim que Henri Rousseau reivindicou, com orgulho, a paternidade do título que dera a uma das suas composições mais enigmáticas: *Eu mesmo. Retrato-paisagem*. O pintor achou estar inaugurando assim um "gênero" que renovaria a arte do autorretrato. Entremos nesse quadro.

Aquele que ele designa como "eu mesmo" – e não temos razão alguma para não o acompanhar nessa nomeação – ocupa, então, o

168 SUFICIÊNCIA DA OBRA DE ARTE

centro e a maior superfície da tela; personagem de frente, maciço, de um preto vibrante e de uma densidade que contrasta com a alegria luminosa da paisagem sobre a qual ele se destaca, como que numa impressão sobreposta. A solenidade da pose é o que choca à primeira vista. A postura do personagem sinaliza uma retidão sem concessão, uma "altura". A representação do seu rosto, que se diria "cortado à faca", está isenta da complacência narcísica corrente em autorretratos; está afetado, no entanto, com o orgulho. Sua mão esquerda, recuada sobre o peito, segura uma paleta; sua mão direita, caindo de lado, um pincel.

"Eu mesmo" figura, então, o pintor trabalhando. Mas o traje em que ele está metido – e especialmente a estranha boina que lhe serve de chapéu – evoca um marinheiro algo graduado – um capitão de embarcação, por exemplo. Nesse ponto, a contemplação da obra se transtorna: que o personagem seja um pintor é mostrado pela exibição dos seus equipamentos; mas que ele seja também um marinheiro, isso nos detém. Mais exatamente chegamos a nos perguntar se o significante "marinheiro" que se impõe à percepção provém diretamente do explícito da escrita pictural, do hábito sóbrio e impecável entrando na categoria das indumentárias regimentais. Ou então, se ele não passa de um efeito de leitura, tendo o significante "marinheiro" "contaminado" a percepção do observador, indiretamente, por conta da presença sobrenatural – no centro do quadro e, graças a um jogo muitíssimo sutil de perspectiva, bem ao lado do personagem – de um navio, evidentemente "de alto-mar".

Assim somos alertados quanto ao fato de que uma estreita intricação entre percepção e interpretação ameaça fazer com que o nosso olhar abandone o conteúdo manifesto da obra para investir num improvável conteúdo latente. A nossa leitura toma outra direção. O fundo sobre o qual posa nosso personagem com seu insólito atributo é justamente, com efeito, uma paisagem, perfeitamente construída, abundante em detalhes – e que, se apagássemos o personagem, ainda comporia um quadro. Esse laço metonímico entre retrato e paisagem justificaria, por si só, o título do quadro. Mas diríamos que, suprimindo a conjunção "e", o pintor instalou, além disso, esses dois conceitos numa misteriosa condensação. Vista imergente sobre um cais, de uma largueza irreal que uma ponte de aço, de uma bela arquitetura, obstrui. Com sua fria horizontalidade e da sua tonalidade escura – à qual se opõe, abaixo, uma linha de barris esbranquiçados –, essa ponte fecha o horizonte do quadro. Ou melhor, institui uma fronteira dentro da qual o encontro do personagem com a paisagem erige-se como uma cena demasiado estranha: ela os retém, ambos, num espaço comum; faz vacilar suas identidades recíprocas; compele-os a uma interlocução muda que nos convida a reconstruir sua linguagem.

No cais, à direita e um pouco atrás do personagem, está atracado um veleiro de dois-mastros, com as velas recolhidas, sobre o qual flutuam bandeirinhas cuja fantasia galhofeira sinaliza, sem recalcamento, a participação ativa de uma "memória infantil". A ponta do mastro grande se situa, no entanto, nitidamente abaixo da cabeça do personagem – cujo tamanho, por sinal, parece desmesurado. A desproporção é tão gritante que a evocação do infantil, já convocada pelo ludismo das bandeiras, agrava-se para o observador, que pensa no balé de crianças rodopiando seus barquinhos nos lagos do jardim de Luxemburgo. Igualmente, ainda que sua pertença ao mar, ao "mar aberto", esteja claramente denotada, o pintor a representa na paragem, num ambiente fluvial cuja estreiteza é desproporcional à mastreação. O desejo de viagens longínquas que ele convoca perece, tão logo é expresso, na presença da ponte – cuja plataforma, baixa demais, barra-lhe a passagem; o reduz, como "O barco ébrio" de Rimbaud, a não ser nada além de um navio encalhado. Muitas contradições pelas quais os significantes inscritos na paisagem organizam sub-repticiamente a própria significação do retrato, desviando ironicamente sua intenção

170 SUFICIÊNCIA DA OBRA DE ARTE

manifesta: esse capitão engomado não passa, no final das contas, de um "marinheiro de água doce", como dizem as crianças!

Todas essas representações, notemos, são nitidamente desdobradas quando se soletra sua escrita pictural; e, no entanto, tão logo se substitua uma leitura analítica, sem visada estética, pelo puro olhar gozoso da contemplação, esses significantes visuais tendem a se condensar numa imagem única, carregada de insurreição e de ironia. Esse retrato aparentemente tão solene que o pintor plantou numa paisagem aparentemente grandiosa, eis que ele nos parece, uma vez percorrido o vai-e-vem do olhar ao discurso e do discurso ao olhar, o retrato de uma criança sonhadora mensurando sua pequenez. A paisagem, que não passa ali de um cenário, opera figurando os símbolos da inferioridade e do desamparo infantil: a viagem fracassada, o desejo suspenso, a curiosidade barrada pela exigência civilizatória para a qual essa ponte de ferro, evocando Eiffel e a era industrial, fornece a representação mais concisa e a mais precisa possível. Entrando no quadro – mas, mais exatamente, pisando o solo ainda inexplorado fundado pela minha relação transferencial com ele –, minha vista embaralha, a imagem se metamorfoseia, outro quadro aparece.

Mas adentremos ainda mais esse lugar subterrâneo da pintura, em que o visual bem poderia se fazer visionário. Nosso zombeteiro navio-almirante destaca-se sobre um fundo contínuo de grandes árvores de um verde delicado como o que colore o solo do cais. Esse fundo se destaca, ele próprio, de um conjunto de imóveis nitidamente urbanos em termos de construção, mas que, por um rompante suplementar de ironia, o pintor coroou com uma "floresta" prolixa de chaminés, de um desenho fantástico e que abole as fronteiras que separam o que procede da mão do homem e o que pertence propriamente à "mãe Natureza". Filetes de um vermelho desbotado ensanguentam as águas do rio das quais não se vê nada além de uma mínima extensão. Dois personagens minúsculos estão situados na beirada do cais; de pé, vistos de costas, formam um casal enchapelado e endomingado que parece meditar tristemente sobre o espetáculo desse leito d'água que parece com "a poça negra e fria" onde encalhará "o barco ébrio". O olhar do observador esbarra, então, nesse detalhe insignificante e ali se dissolve. Ele poderia constituir o umbigo do quadro.

Ironia, zombaria, fanfarrice asseguram a tonalidade menor da expressividade pictural, de essência trágica. Os fragmentos, os "sintagmas visuais" que a contemplação decompõe na imagem geral – feliz, em geral – remetem a um obscuro desmoronamento, a um caos que suscita o assombro. Os pequenos personagens, isolados do conjunto do quadro como que num violento repúdio, formam – pelo seu tamanho liliputiano[2] e a tépida relação que mantêm com o sangue do rio – um casal "grotesco". Eles caricaturizam uma "origem do mundo" do qual não passariam de transeuntes anônimos e inconsequentes e convocam no observador as evocações de uma sensualidade arcaica, altamente desagradável. O que o pintor torna visível, ali, não pode ser nomeado. Pois a realidade que essa escrita pictural – e sua leitura – descobre brutalmente, como se se arrancasse o véu de uma nudez que não consente com se expor, essa realidade naturalmente não tem expressão linguística. A não ser forçando-a num comentário – seja erudito, seja impudico, seja ainda os dois – que não diria nada dela e tudo da aversão que ela suscita para o eu que é a ela defrontado.

Em contrapartida, a imagem – na qual essa realidade ganha corpo – permanece, por si só, em condições de expressar, sem concessão nem denúncia, a verdade e a inspiração de que está impregnada. A saber: ser o lugar preciso em que o espírito rompe com a

---

2 Lilliput é uma ilha fictícia, habitada por pessoas minúsculas, do romance *As viagens de Gulliver*, de Jonathan Swift. [N.T.]

172 SUFICIÊNCIA DA OBRA DE ARTE

natureza, revoga para sempre a ideia de uma conciliação qualquer com o mundo e se empenha, para firmar seu destino, num trabalho de "pensamento" que trata o afeto e representa o imperceptível; a imagem aparece então como a matriz da linguagem, seu fundamento mudo. Assim, na representação da água negra, do casal derrisório, bem como na de um eu mesmo que se afasta, pela autorrepresentação, desses miasmas originários, a imagem nos oferece a visão da realidade fundadora, não do mundo, mas da sua criação. Seremos compelidos, num segundo momento, a nos afastarmos também da imagem, porque essa servidão é a própria condição da vida psíquica; de nos aproximarmos dessa realidade, designando-a pelos conceitos de "castração" ou de "cena primitiva" que, frente à sobriedade da obra, soam como bobagens. Não obstante, é só pela visão que essa realidade um dia nos é dada – e para atingir isso é preciso, primeiro, que nos calemos.

A leitura do quadro que, num primeiro momento, substitui a percepção por um discurso interno, leva, num segundo tempo, a restaurar a força de penetração do olhar e a desvelar, na imagem pura, o enigma da sexualidade infantil com a qual a psique se anima. Henri Rousseau instituiu a paisagem como o fundo que dá forma a um retrato; conferiu a eles o valor de se redobrarem mutuamente sem conjunção. O título do quadro conserva o traço dessa identificação: retrato-paisagem. Daí ele os erigiu como "eumesmo", opondo-os à representação de um casal pelo qual se mede a ideia do engendramento e o seu horror. Mas notemos ainda que aquilo que o trabalho pictural descobre na extrema profundeza da obra é retomado analogicamente em sua extrema superfície. Na paleta que o personagem apresenta a seu espectador, que forma o primeiríssimo plano do quadro – aquele pelo qual se entra nessa pintura –, está escrito, de ponta-cabeça, "Joséphine". O feminino, hasteado aqui como uma bandeira, faz oposição ao feminino abominado do casal, do sangue e da água negra. Esse movimento inverte o valor e substitui a privação da criança pela suficiência do criador. E nesse nome, nessa palavra "caligrafada", veríamos justamente um fragmento da vasta rede de pensamentos que comandou o pintor na fabricação do quadro e que teria, feito um resto, resistido à conversão do discurso em imagem.

***

Vamos nos delongar sobre essa "imagem", cuja contemplação do quadro faz com que apareçam características inesperadas. Essa imagem, como descobrimos, não pertence ao campo do visível; não é um produto da percepção; confunde-se com uma realidade muito profunda da vida anímica que se revela por meio dela. Ela é, então, da ordem de uma "revelação". É portadora de uma carga emocional potente e específica; tendenciosa, visto que convoca, naquilo que encontra, representações de conteúdo sexual ou sexuado. Então, a percepção de um filete vermelho num corpo d'água, ou de dois personagens grosseiramente emparelhados, nos evocou as representações do feminino e da relação amorosa.

Ora, aí está justamente outra característica dessa imagem: ela só se manifesta indiretamente pelo efeito que produz no espírito daquele que a observa; como o reflexo num espelho de um ser invisível do qual, por esse reflexo, teríamos de afirmar a existência. Todo referencial racional ou positivo nos é repentinamente tirado. Estamos diante da mais estranha realidade: a imagem em questão se mostraria o reflexo em nós de uma realidade que permaneceria invisível ao nosso olhar. E que nos assombra.

Por que, então, falar ainda em "imagem"? As características que isolamos disso nos conduzem, por ora, a reconhecer o seu "poder imagético". Mas acaso o imaginário – o conjunto das evocações que ela desperta ou fecunda no eu daquele que a encontra – basta para que identifiquemos essa realidade à categoria da imagem?

174 SUFICIÊNCIA DA OBRA DE ARTE

Em que é que ela é uma imagem? Mas prossigamos no nosso caminho, apostando que as dúvidas que nos assolam, aqui, são apenas a expressão da pusilanimidade que nossos eus opõem à penetração desse mistério.

Descobrimos ainda outra característica sua. Essa imagem não é um dado imediato da percepção, ela é aquilo em que uma expressão congela repentinamente no seu desenvolvimento. "Imagem congelada" logo vem à mente. Ainda que gasta pelo uso, a expressão existe; devemos confiar na língua e nisso que ela nos informa. Parar implica que o fim do movimento foi atingido ou que um obstáculo o entravou. A imagem poderia ter apenas essa materialidade e ser um fim ou um obstáculo, o que promove e se opõe ao movimento da expressão. E poder assim alocar a imagem sob a insígnia de uma força – ou de uma pulsão – que porta e deporta a intenção, tira-lhe uma parte da sua estranheza, mas nada do seu mistério.

Escuto um analisando (me) falar. No dispositivo em que nos encontramos, ele não me vê, eu não o vejo. O método analítico tem, ao suspender o investimento visual da realidade externa para os seus dois protagonistas, o poder de conceder unidade e totalidade expressiva à língua. De repente, o seu discurso se interrompe. O silêncio se instala. Escuto agora esse silêncio. As palavras anteriormente escutadas retornam, sem que as convoque, nessa cena momentaneamente desertada da minha escuta. Elas retornam numa cena que jamais deixaram, estando situadas por detrás desta, à medida que novas palavras enunciadas pelo analisando iam ocupando a dianteira. E como se no tempo demasiado fugidio que lhes tinha sido concedido não tivessem podido realizar a totalidade do jogo de que eram portadoras, eis que, como atores mudando de personagens, elas desvelam – seja individualmente, seja no balé do seu agrupamento – outras figuras do seu "ser".

Essas palavras, portanto, caminharam sobre o solo da transferência e operaram uma transgressão; destacaram-se do eu que as havia pronunciado e no interior do qual se fundamentaram como conceitos, como "puros significantes". Elas liberam, agora, seus significados; restituem a própria materialidade que fora outrora a delas, nas origens do espírito, quando o sol do infantil fazia as primeiras emoções germinarem; quando esses significados não eram dissociáveis dos seres, amados ou odiados, que os encenavam, nem dos detalhes do teatro do mundo em que essas paixões se desfraldavam; quando palavra e imagem eram uma só coisa.

Assim como o silêncio em música abre, no discurso sinfônico, os intervalos por onde resvala a imagem que ele inspira, o meu discurso, graças a esse silêncio da fala, povoa-se com visões inspiradas à criança pela escuta cega do "discurso amoroso" parental.